인공지능이 엔트리를 부르면
무슨 일이 생길까?

# 안녕! 엔트리
# 반가워! 인공지능

씨마스에듀

## 이 책을 내며

우리는 "오늘 날씨는 오전에 흐리고 오후에 비가 올 예정입니다."라는 스마트폰에서 흘러나오는 음성을 들으며 학교 가기 전 우산을 챙깁니다. 유튜브에서 추천해 주는 영상을 보며 인공지능 스피커에 듣고 싶은 음악을 들려 달라고 말을 건넵니다.

어른들에게는 이런 일상이 아직은 낯설고 어색할지 모르지만, 아이들에게는 자연스러운 하루의 일과이며 삶 속에 찾아온 편리함입니다.

사실, 인공지능은 혜성처럼 나타난 신기술이 아니라 컴퓨터가 탄생했던 그 시절부터 '기계는 생각할 수 있을까?'라는 질문과 함께 지금까지 발전해 왔습니다. 21세기에 들어서면서 급속도로 발전한 인공지능이라는 기술은 우리 생활 전반에 큰 영향을 미치고 있고, 우리의 삶 속에서 자연스럽게 기술을 흡수하고 있습니다.

최근 가장 흥미로운 키워드 중 하나가 인공지능 교육입니다. 산업 전반에 도입된 인공지능 기술이 가져온 산업 체계의 큰 변화는 고용과 노동 시장의 큰 변동을 일으킬 것이라 예상하고 있습니다. 인공지능 교육은 변화된 미래에 살게 될 우리의 아이들이 새롭게 설계하고 가치를 만들 수 있는 준비를 위한 마중물이 될 것입니다.

우리 아이들에게 어떤 인공지능 교육을 해야 할까요? 일상에서 사용하고 있는 기술을 통해 자신의 문제를 해결하고 그 결과가 다른 사람들에게는 어떤 영향을 미칠지 바라볼 수 있는 공정한 시각을 키울 수 있도록 이끌어 주어야 합니다.

이 책을 통하여 우리 아이들이 명탐정이 되어 주변에서 발생한 문제를 탐색하고, 재미있는 아이디어와 인공지능 기술을 활용하여 해결해 봄으로써 창의력과 문제 해결력을 향상시키고자 합니다. 또한 활동을 통해 사건을 해결하는 과정에서 발생할 수 있는 다양한 윤리적인 문제들을 생각해 보면서 세상을 바라보는 올바른 시각을 키울 수 있길 바랍니다.

저자 일동

# 이 책을 쓰신 분들

### 장병철 교수님

인공지능을 공부하는 데 있어서 가장 중요한 것은 문제의 선정부터 실제적 활용까지를 모두 해 보며 인공지능 기술을 사회적으로 가치 있게 활용하는 것을 배우는 것이라고 생각합니다. 최근 4,5년간 많은 인공지능 관련 책들이 나왔지만 인공지능의 요소 기술이나 체험에 치우친 모습입니다. 이번 책에서는 인공지능을 우리에 삶에 어떻게 활용하는지와 인공지능 윤리, 그중에서도 모두를 위한 인공지능을 고민할 수 있도록 구성해 보았습니다. 이 책으로 온기가 있는 인공지능을 만드는 고민을 시작해 보시기 바랍니다.

### 유경선 선생님

인공지능은 우리가 어떻게 활용하느냐에 따라 '우리의 친구'이자 우리에게 매우 '유용한 도구'입니다. 앞으로 함께할 우리의 친구와 어떻게 공존해서 윤택하고 편리한 삶을 살아갈 수 있는지 다양한 방법을 여러분들과 함께 고민하고 모색하고 싶습니다.

### 이준기 선생님

똑! 똑! 당신의 마음에 살짝 묻고 싶은 것이 있습니다. 당신의 세상에서는 인공지능이 만든 급변의 모습들이 보이시나요? 들리시나요? 컴퓨터가 일상이 된 오늘처럼, 인공지능이 공기처럼 당연해질 앞날이 그려지시나요? 저는 이 책이 여러분의 눈을 뜨게, 귀를 열게 하는 인공지능과의 설레는 만남의 시작이길 바랍니다.

### 이은경 선생님

알게 모르게 우리 생활 속 깊숙이 자리잡고 있는 인공지능의 기술을 수동적으로 받아들이기보다는, 이 책을 통해 '나도 인공지능을 배워서 이런 것을 만들고 싶어.'라는 동기 유발이 되었으면 좋겠습니다.

인공지능의 세계로 첫발을 내딛는 여러분들의 오늘을 응원합니다.

# 이 책의 구성과 활용법

### 준비 학습을 해요
인공지능을 위한 엔트리의 환경과 준비 사항을 알아봅니다.

### 제 1 부
### 인공지능 API
인공지능 블록을 활용하여 문제를 해결합니다.

### 제 2 부
### 기계 학습과 데이터 분석
지도 학습으로 모델(이미지, 음성, 텍스트)을 만들고 데이터를 분석하여 문제를 해결합니다.

### 만화로 배우는 기계 학습 용어
만화로 인공지능 기계 학습 용어의 개념을 배웁니다.

학습 목표를 알아봅니다.

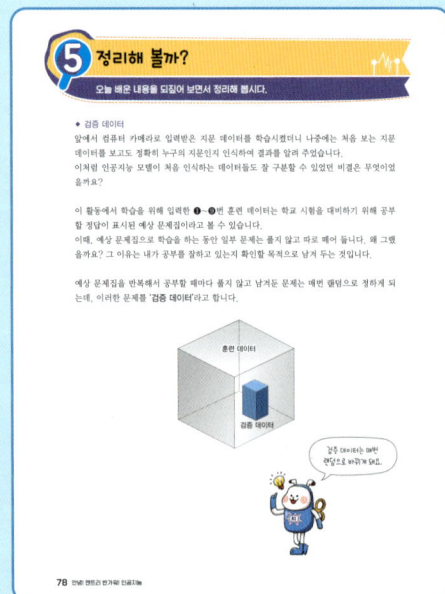

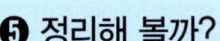 정리해 볼까?
인공지능의 원리와 인공지능 윤리에 대해 생각해 봅니다.

❶ 너의 이야기를 들려줄래?
해결해야 할 문제와 해결 과정을 미리 살펴봅니다.

❷ 무엇으로 어떻게 해결할까?
사람과 인공지능이 현실 세계를 인식하고 판단하는 방법의 차이를 비교합니다.

제2부

제1부

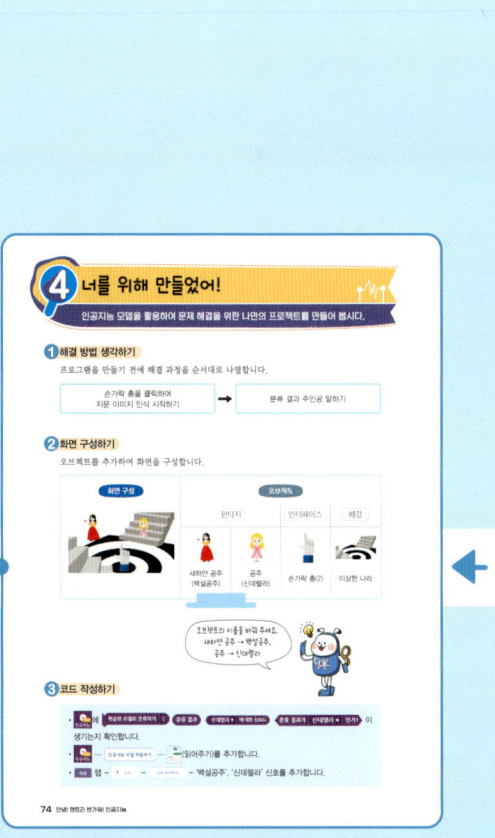

❹ 너를 위해 만들었어!
인공지능을 적용하여 프로그램을 만들고 실행합니다.

❸ 응답하라, 인공지능! / 똑똑해져라, 인공지능!
문제 해결에 필요한 API 기능(인공지능 블록) 이해 및 인공지능 학습 모델을 만듭니다.

# 차례

이 책을 내며 ········································· 2
이 책을 쓰신 분들 ··································· 3
이 책의 구성과 활용법 ····························· 4
준비 학습을 해요 ··································· 8

본 교재의 엔트리 실행 파일과 이미지 학습에 사용할 데이터 카드는 씨마스에듀 홈페이지(cmassedumall.com)의 〈자료실〉에서 다운로드할 수 있어요.

## 제1부  인공지능 API

인공지능 API ····································· 14
API란 무엇일까요? ······························· 16

1. 누가 공부를 방해했을까? ···················· 18
   선택 활동 1  유령을 잡아요 ··················· 28

2. 누가 준 선물일까? ····························· 30
   선택 활동 2  동물을 찾아요 ··················· 40

 API   이미지 모델   음성 모델   텍스트 모델   데이터 분석

## 제2부 기계 학습과 데이터 분석

기계 학습과 데이터 분석 ·················· 44
기계가 스스로 학습을 한다고요? ············ 46

3. 동생의 마음을 읽어 줘! ·················· 48
4. 토끼야, 맛있니? ························· 58
5. 누구의 유리 구두일까? ··················· 68

6. 말로 계산해요 ·························· 80
7. 강아지일까, 고양이일까? ················· 90
8. 위험해, 비켜나세요 ····················· 100

9. 뮤직 큐! 음악을 틀어 주세요 ············· 112
10. 광고 메일을 걸러내! ··················· 122
11. 쑥쑥, 자라렴! ························ 132

12. 어서 와, 한국은 처음이지? ············· 142

만화로 배우는 기계 학습 용어 ············· 157

# 준비 학습을 해요

엔트리의 인공지능 서비스를
체험하기 위한 준비 단계입니다.

엔트리의 인공지능 블록과
모델 학습을 사용하기 위해서는
구글 크롬()브라우저 사용을 권장합니다.
크롬 브라우저를 설치한 뒤,
엔트리에 접속해 보세요.

### 학습 목표

1. 크롬 브라우저에서 엔트리 온라인 버전에 접속하고 오프라인 버전을 다운로드할 수 있습니다.
2. 엔트리의 화면 구성과 기본 사용 방법을 알 수 있습니다.
3. 인공지능 학습에 필요한 사항을 준비할 수 있습니다.

## 1 엔트리 준비하기

엔트리는 웹 브라우저에서 사용할 수 있는 온라인 버전과 인터넷이 연결되지 않아도 내 컴퓨터에 설치해서 사용할 수 있는 오프라인 버전이 있습니다.

### 1 엔트리 온라인 접속하기

크롬( ) 브라우저를 실행한 뒤, 검색창에 '엔트리'라고 입력하거나 주소창에 'https://playentry.org'를 입력하여 온라인으로 접속할 수 있습니다.

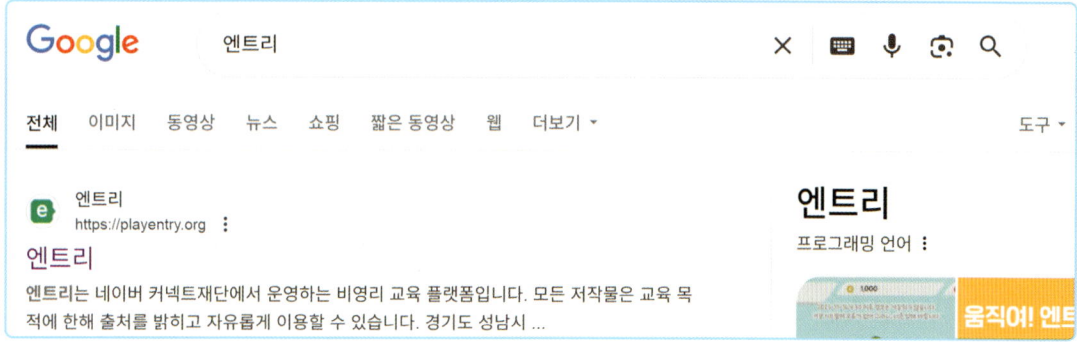

### 2 엔트리 오프라인 버전 설치하기

① 엔트리 메인 화면에서 엔트리 로고 부분에 마우스를 가져가면 다운로드 메뉴가 나타납니다.

② 내 컴퓨터 운영체제에 해당하는 오프라인 버전을 설치할 수 있습니다.

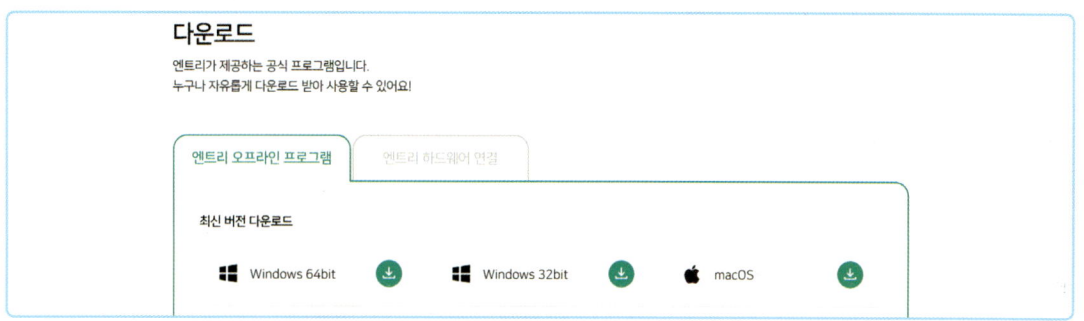

## 2 엔트리 인공지능으로 프로그램 만들기

다양한 인공지능 블록 중 '사람 인식' 관련 블록으로 사람의 수를 세는 인공지능 프로그램을 만들어 봅시다.

### 1 프로그래밍하기

① 블록 탭 — 인공지능 — 인공지능 블록 불러오기 — (사람 인식)을 추가하면, '비디오 감지' 블록과 '사람 인식' 블록이 생깁니다. 카메라 사용 권한 요청 메시지가 나오면 '허용'을 클릭합니다.

② 엔트리봇 오브젝트에 기본으로 추가된 명령 블록을 삭제한 후 인공지능 — '비디오 감지' 블록과 '사람 인식' 모음에서 관련 블록을 드래그해서 조립합니다.

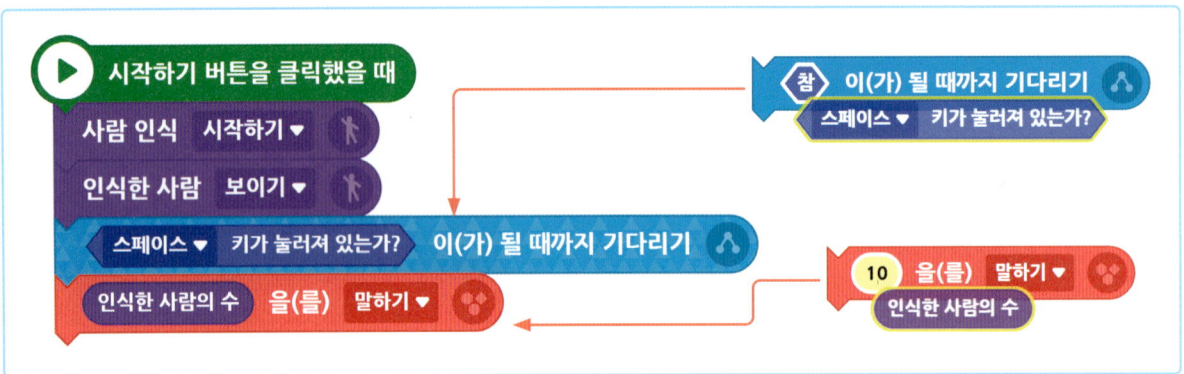

### 2 실행 결과 확인하기

시작하기 버튼을 클릭하고 카메라에 사람 사진을 비추거나 친구들과 카메라 앞에 서서 결과를 확인합니다. 엔트리에서 인식 가능한 사람의 수는 최대 4명입니다.

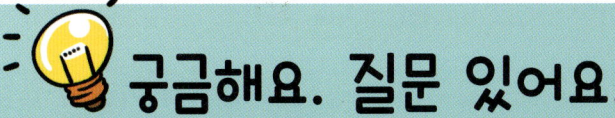
## 궁금해요. 질문 있어요!

엔트리에서 인공지능을 학습하기 전 궁금한 내용을 확인해 보세요.

 엔트리에서 인공지능을 학습하려면 반드시 인터넷에 연결되어 있어야 하나요?

네, 반드시 인터넷에 연결되어 있어야 합니다.

 엔트리 오프라인 버전에서 인공지능 서비스(인공지능 블록)를 사용할 수 있나요?

오프라인 버전에서는 인공지능 블록을 활용한 API 체험만 가능하고 인공지능 모델 학습은 온라인 버전에서만 가능합니다.

 엔트리 회원 가입을 꼭 해야 하나요?

인공지능 모델 학습을 하려면 온라인 버전에서 회원 가입을 한 뒤, 로그인해야 합니다.

 필요한 준비물은 무엇이 있나요?

웹캠이 내장된 노트북이나 외장 카메라를 연결할 수 있는 데스크톱 컴퓨터, 마이크, 이어폰(스피커)이 필요합니다.

 내가 학습시킨 인공지능 모델을 적용한 작품을 내 컴퓨터에 저장할 수 있나요?

학습시킨 모델은 내 컴퓨터로 저장할 수 있고, 온라인 상태에서 저장된 모델을 불러올 수 있습니다.

### 인공지능 데이터 카드 활용
# 인공지능 블록으로 사물 인식하기

『안녕, 엔트리! 반가워! 인공지능』 교구인 인공지능 데이터 카드와 웹캠을 사용하여 여러 가지 사물을 인식시켜 봅시다.

※ 데이터 카드는 씨마스에듀 홈페이지(cmassedumall.com)의 〈자료실〉에서 다운로드할 수 있어요.

### 1 인공지능 블록 살펴보기

프로그램에서 사용할 인공지능 블록을 살펴봅시다.

### 2 프로그래밍하기

프로그램을 작성해 봅시다.

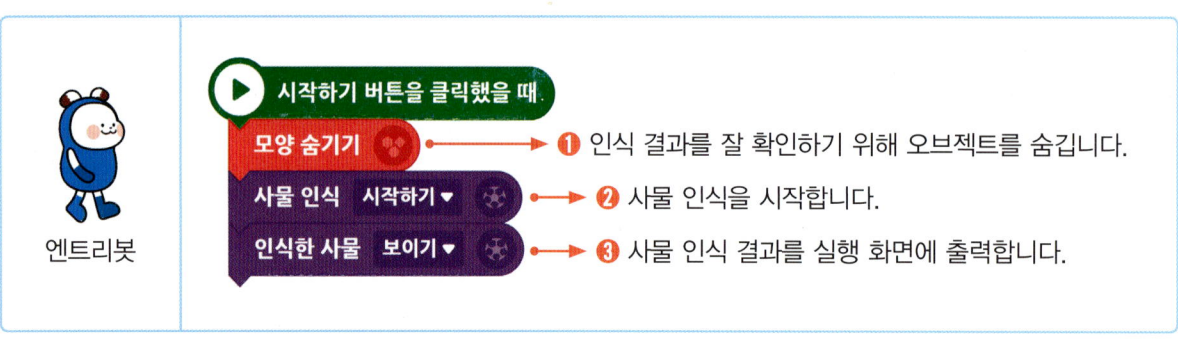

### 3 카메라로 이미지 데이터 입력하기

인공지능 데이터 카드와 실제 사물을 활용하여 이미지 데이터를 입력해 봅시다.

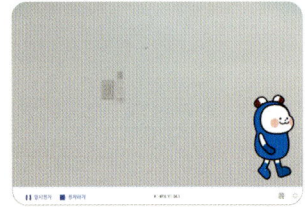

❶ 시작하기 버튼을 누르면 실행 화면에 비디오 화면이 나타납니다.

❷ 웹캠을 세워 두고, 실제 사물이나 인공지능 데이터 카드를 카메라 렌즈에 비춥니다.

❸ 인식할 사물이나 인공지능 데이터 카드가 비디오 화면 밖으로 벗어나지 않도록 조절합니다.

❹ 초점이 맞지 않을 경우에는 렌즈를 돌려 초점을 맞춘 뒤 이미지를 인식시킵니다.

## 4 인식 결과 확인하기

입력한 데이터를 잘 인식하는지 확인해 봅시다.

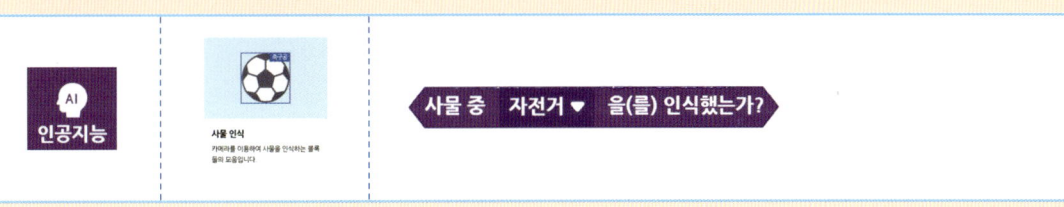

- ▼을 클릭하면 엔트리 인공지능 블록으로 인식할 수 있는 사물 목록을 확인할 수 있습니다.

| 사람 | 자전거 | 자동차 | 오토바이 | 비행기 | 버스 |
| --- | --- | --- | --- | --- | --- |
| 기차 | 트럭 | 보트 | 신호등 | 소화전 | 정지 표지판 |
| 주차 미터기 | 벤치 | 새 | 고양이 | 개 | 말 |
| 양 | 소 | 코끼리 | 곰 | 얼룩말 | 기린 |
| 배낭 | 우산 | 핸드백 | 넥타이 | 여행 가방 | 원반 |
| 스키 | 스노우보드 | 공 | 연 | 야구 배트 | 야구 글러브 |
| 스케이트보드 | 서프보드 | 테니스 라켓 | 병 | 와인잔 | 컵 |
| 포크 | 나이프 | 숟가락 | 그릇 | 바나나 | 사과 |
| 샌드위치 | 오렌지 | 브로콜리 | 당근 | 핫도그 | 피자 |
| 도넛 | 케이크 | 의자 | 소파 | 화분 | 침대 |
| 식탁 | 변기 | TV | 노트북 | 마우스 | 리모컨 |
| 키보드 | 핸드폰 | 전자레인지 | 오븐 | 토스터 | 싱크대 |
| 냉장고 | 책 | 시계 | 꽃병 | 가위 | 테디베어 |
| 헤어드라이어 | 칫솔 | | | | |

# 제1부
## 인공지능 API

나도 배울래! 인공지능!

인공지능 API(인공지능 블록)를 활용하니 쉽고 재미있게 프로그램을 만들 수 있어.

### ● 제1부에서는 ●

**API(Application Programming Interface)** 는 특별한 프로그래밍 기술 없이도 다른 개발자들이 만들어 놓은 유용한 기능들을 사용해서 응용 프로그램을 만들 수 있도록 구성한 소스 코드 모음입니다.

엔트리 인공지능 블록 모음들이 바로 인공지능 관련 API입니다.

API를 활용해 인공지능을 처음 배우는 누구라도 쉽게 인공지능 프로그램을 만들 수 있습니다.

| 활동명 | 인공지능 학습 요소 |
|---|---|
| 1. 누가 공부를 방해했을까? | 얼굴 인식 블록 |
| 선택 활동 1  유령을 잡아요 | 얼굴 인식, 음성 인식, 읽어주기 블록 |
| 2. 누가 준 선물일까? | 음성 인식, 번역, 읽어주기 블록 |
| 선택 활동 2  동물을 찾아요 | 사물 인식 블록 |

# API는 무엇일까요?

원하는 애플리케이션을 쉽게 만들 수 있도록 구성한 소스 코드 모음입니다. 일반적으로 인공지능 기반 서비스를 개발하려면 많은 시간과 비용이 들기 때문에 API(Application Programming Interface)를 활용합니다.

인공지능 API | 인공지능 학습 요소 ▶ 얼굴 인식

# 1 누가 공부를 방해했을까?

**학습 목표** 비디오 감지의 얼굴 인식 블록을 사용하여 졸음이 올 때 잠을 깨우는 프로그램을 만들 수 있습니다.

 **활동 전 넓게 생각해 보기**

얼굴을 보고 감정이나 상태를 알아차리는 인공지능은 얼굴에서 어떤 특징을 찾는 걸까요?

# 너의 이야기를 들려줄래?

**준기의 시험공부를 방해한 범인을 찾고 있어요.**

준기가 시험을 앞두고 '공부를 해야 하는데….'라는 생각을 하다가 화들짝 놀라 눈을 떴을 땐 다음 날 아침이었어요. 한순간 정신을 잃게 만든 원인은 무엇이었을까요?

범인은 졸음이군! 졸고 있는 순간을 어떻게 알아차리지?

고개가 아래로 떨궈진다면 졸고 있단 거겠죠?

**프로젝트 미리 보기** 졸음으로 인해 얼굴 움직임이 감지되면 소리로 잠을 깨웁니다.

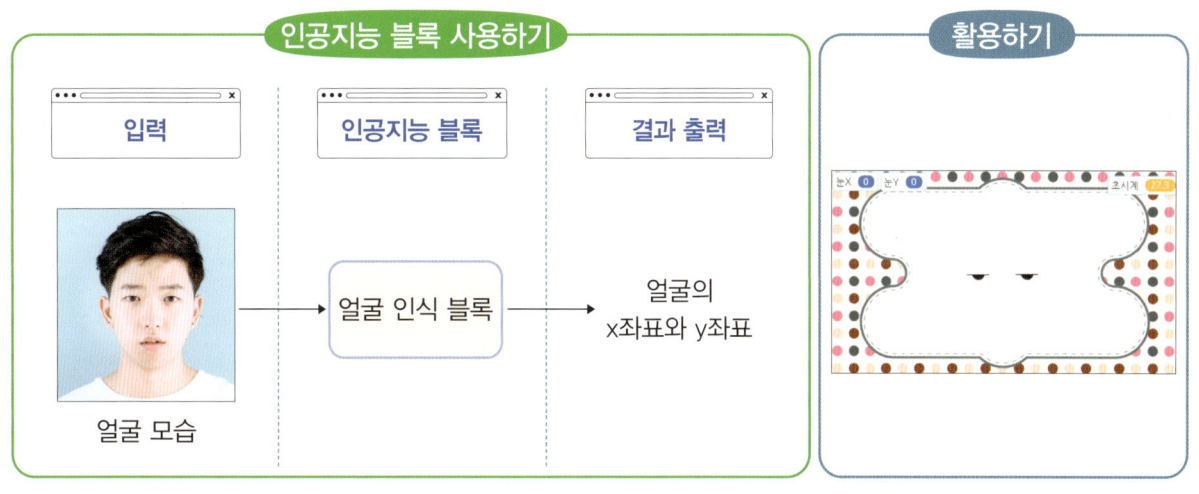

1. 누가 공부를 방해했을까? **19**

# 무엇으로 어떻게 해결할까?

**문제 해결을 위해 필요한 인공지능 블록에 대해 알아봅시다.**

### 1 무엇이 필요할까?

엔트리에서 제공하는 인공지능 블록 중에서 우리에게 필요한 것은 무엇인지 찾아봅시다.

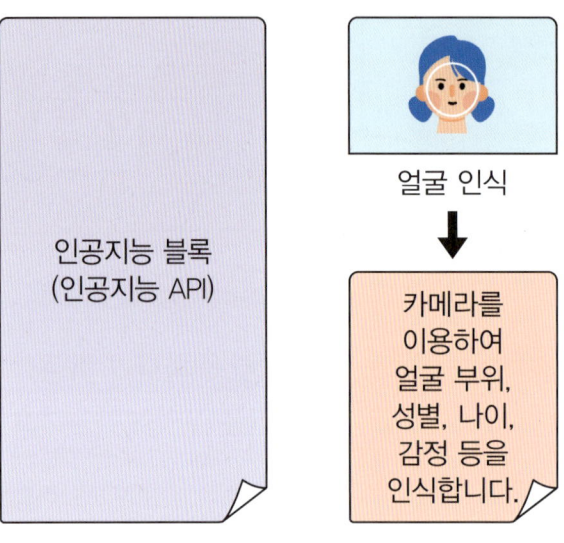

### 2 어떻게 해결할까?

사람과 인공지능이 졸음으로 고개가 떨궈지는 얼굴의 움직임을 인식하는 방법을 비교해 봅시다.

# ③ 응답하라, 인공지능!

인공지능을 적용하기 위한 인공지능 블록 활용 방법을 알아봅시다.

## ❶ 인공지능 블록을 준비해요

블록 탭에서 문제 해결에 필요한 얼굴 인식 블록을 추가합니다.

**인공지능 블록**은 인공지능 API를 의미해요. 비디오 감지(사람/사물/손/얼굴 인식) API를 불러오는 시간은 인터넷 연결 상태에 따라 시간이 필요할 수 있어요.

## ❷ 인공지능 블록을 배워요

인공지능 블록의 ▼을 누르면 선택된 항목 외에 다양한 항목으로 변경할 수 있습니다.

| 얼굴 인식 명령 블록 | 기능 |
|---|---|
| 얼굴 인식 시작하기▼ | 사람의 얼굴을 인식하여 눈, 코, 입, 귀의 위치나 예상되는 성별, 나이, 감정을 알 수 있습니다. |
| 얼굴을 인식했는가? | 얼굴이 인식되면 '참'으로 판단합니다. |
| 인식한 얼굴의 수 | 인식된 얼굴의 개수입니다. |
| 인식한 얼굴 보이기▼ | 인식된 얼굴의 위치와 순서를 실행 화면에 보이게 하거나 숨깁니다. |
| 1▼ 번째 얼굴의 왼쪽 눈▼ 의 x▼ 좌표 | 입력한 얼굴 중 선택된 얼굴 부위의 좌푯값입니다. |
| 1▼ 번째 얼굴의 성별▼ | 입력한 얼굴의 성별, 나이, 감정의 예측값입니다. |

# 4 너를 위해 만들었어!

인공지능 블록을 활용하여 문제 해결을 위한 나만의 프로젝트를 만들어 봅시다.

## 1 해결 방법 생각하기

프로그램을 만들기 전에 해결 과정을 순서대로 나열합니다.

| 인공지능 [얼굴 인식 블록]을 활용한 왼쪽 눈의 좌푯값으로 졸음 동작 인식하기 | → | 졸음 동작이 2초 넘게 계속되면 소리를 재생하여 졸음 깨우기 | → | 초시계 초기화하기 |

## 2 화면 구성하기

오브젝트를 추가하여 화면을 구성합니다.

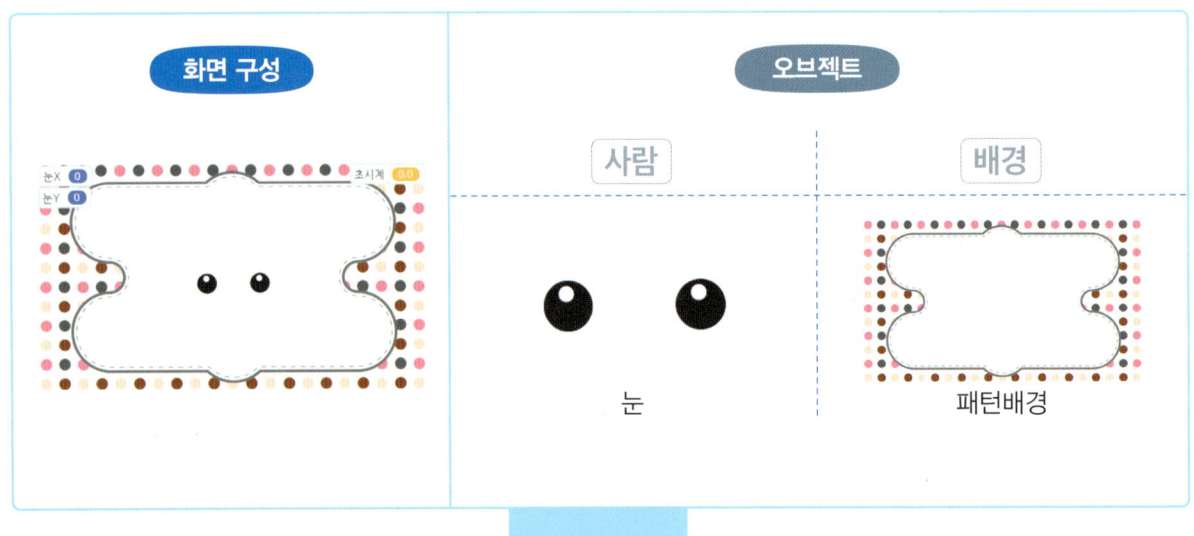

## 3 코드 작성하기

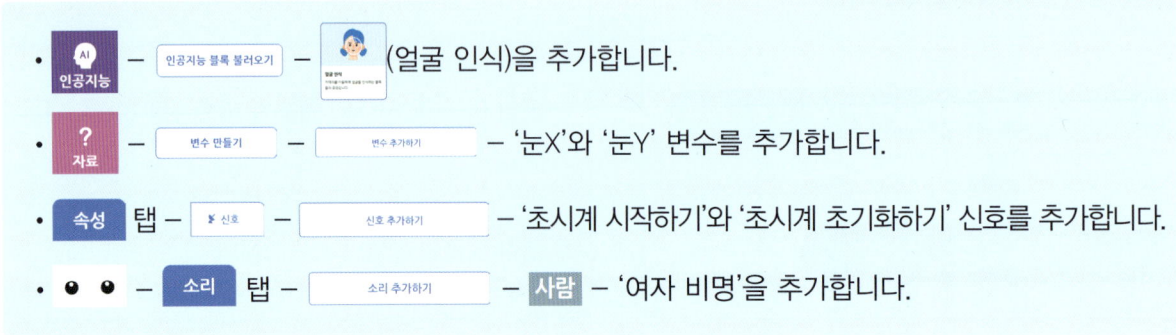

① 오브젝트가 사용자를 따라 움직이고, 왼쪽 눈의 y좌푯값을 기준으로 졸음 동작을 판별합니다.

❶ 오브젝트의 처음 위치를 설정한 다음, 얼굴 인식을 시작합니다.
❷ 왼쪽 눈의 x좌표를 '눈X' 변수에, y좌표를 '눈Y' 변수에 저장합니다.
❸ 오브젝트가 사용자의 왼쪽 눈 위치로 계속 따라다닙니다.
❹ 오브젝트의 y좌푯값이 10보다 작다면 고개가 숙여진 것으로 판단합니다.
사용자가 고개를 숙이면 초시계를 시작하고, 모양을 ▼ ▼ (눈_02)로 바꿉니다.
(얼굴을 인식하지 못할 경우 '눈X'와 '눈Y' 변수의 값이 0으로 저장되므로
오브젝트의 y좌푯값이 0인 경우는 판단에서 제외합니다.)
❺ 고개를 들면 초시계를 초기화하고 원래 모양 ● ● (눈_01)로 바꿉니다.

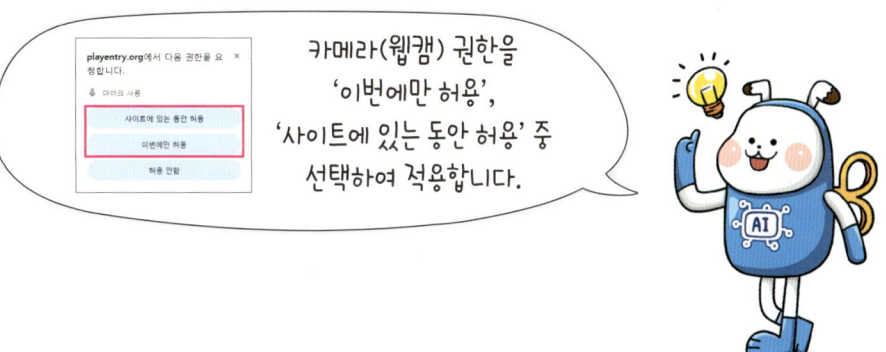

카메라(웹캠) 권한을
'이번에만 허용',
'사이트에 있는 동안 허용' 중
선택하여 적용합니다.

1. 누가 공부를 방해했을까? 23

② '초시계 시작하기' 신호를 받았을 때 초시계 값을 확인한 다음 소리를 재생합니다.

만일 초시계 값이 2초를 넘으면 졸음을 깰 수 있도록 소리(여자 비명)를 재생합니다.

③ '초시계 초기화하기' 신호를 받았을 때 초시계를 초기화합니다.

초시계를 초기화합니다.

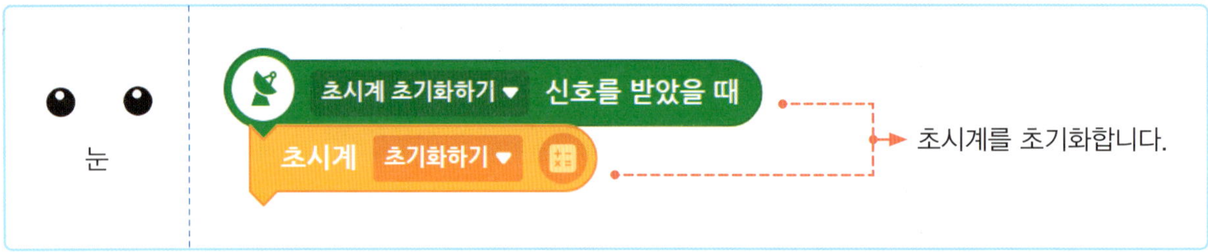

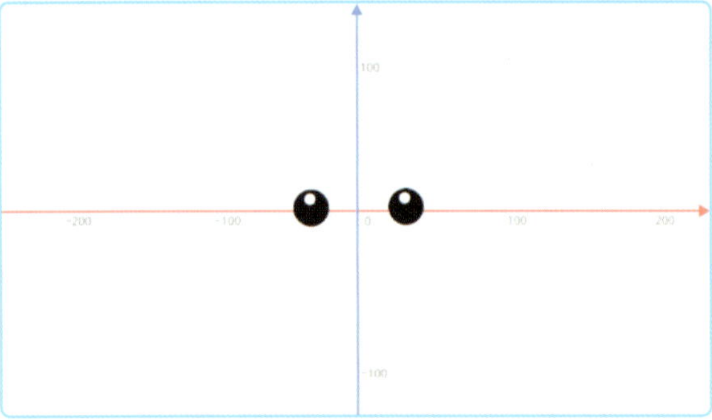

y좌표가 10일 때 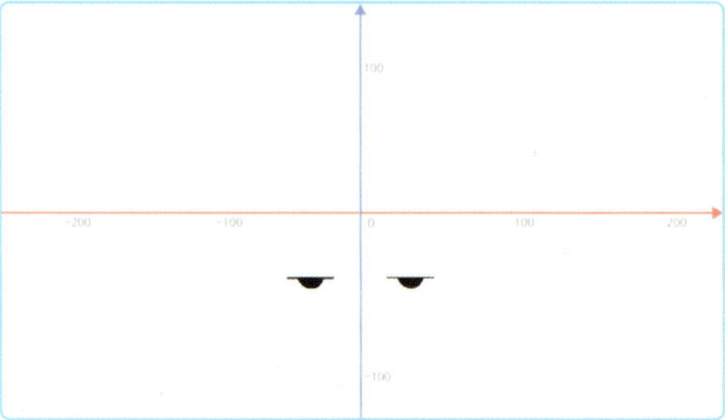      y좌표가 -40일 때

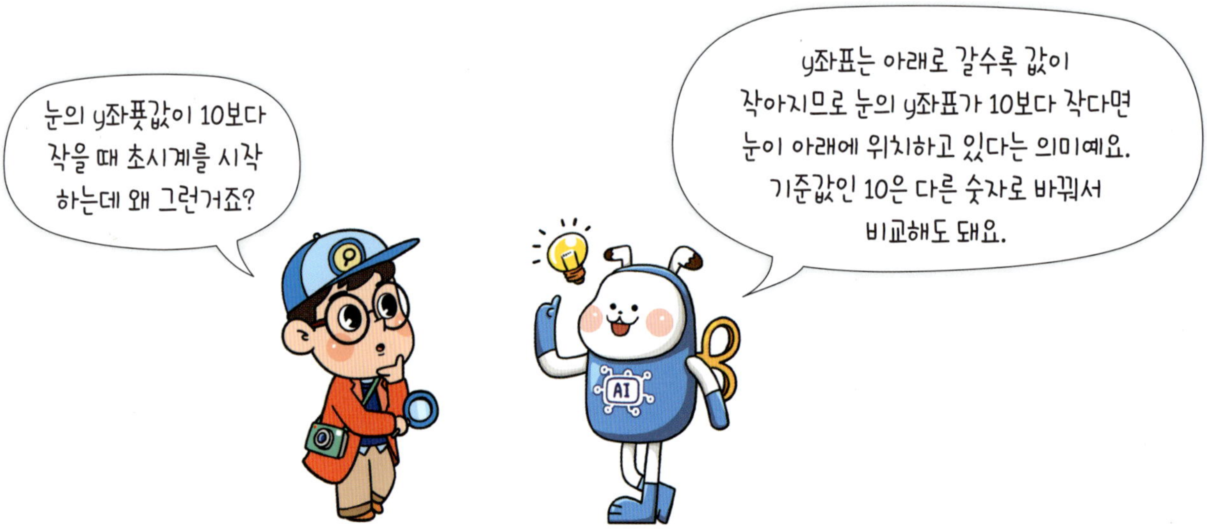

눈의 y좌푯값이 10보다 작을 때 초시계를 시작하는데 왜 그런거죠?

y좌표는 아래로 갈수록 값이 작아지므로 눈의 y좌표가 10보다 작다면 눈이 아래에 위치하고 있다는 의미예요. 기준값인 10은 다른 숫자로 바꿔서 비교해도 돼요.

## 4 실행 결과 확인하기

① 카메라 앞에 얼굴 정면을 비추고 얼굴을 상하좌우로 움직입니다.
② 얼굴을 움직일 때마다 '눈' 오브젝트가 사용자 왼쪽 눈의 위치를 따라 움직입니다.
③ 고개를 숙이면 '눈' 오브젝트가 졸린 눈으로 바뀌고 2초간 지속 시 소리를 재생합니다.

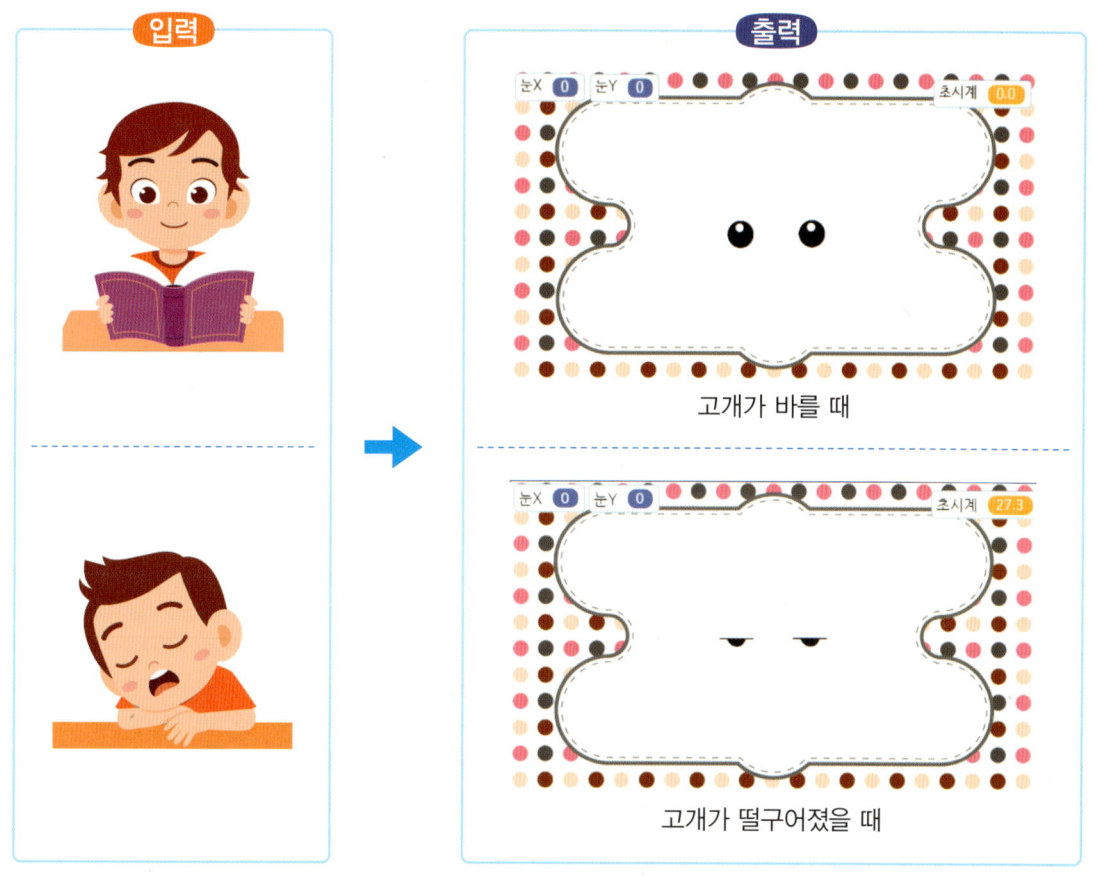

활동을 마친 학생은 28쪽 선택활동 1 을 학습하세요.

# 5 정리해 볼까?

오늘 배운 내용을 되짚어 보면서 정리해 봅시다.

◆ 얼굴 인식

엔트리 인공지능 블록 중 비디오 감지를 추가하면 사람, 사물, 손, 얼굴을 인식할 수 있습니다. 이번 활동에서 사용한 API는 얼굴을 인식하여 아래의 정보를 제공해 줍니다.

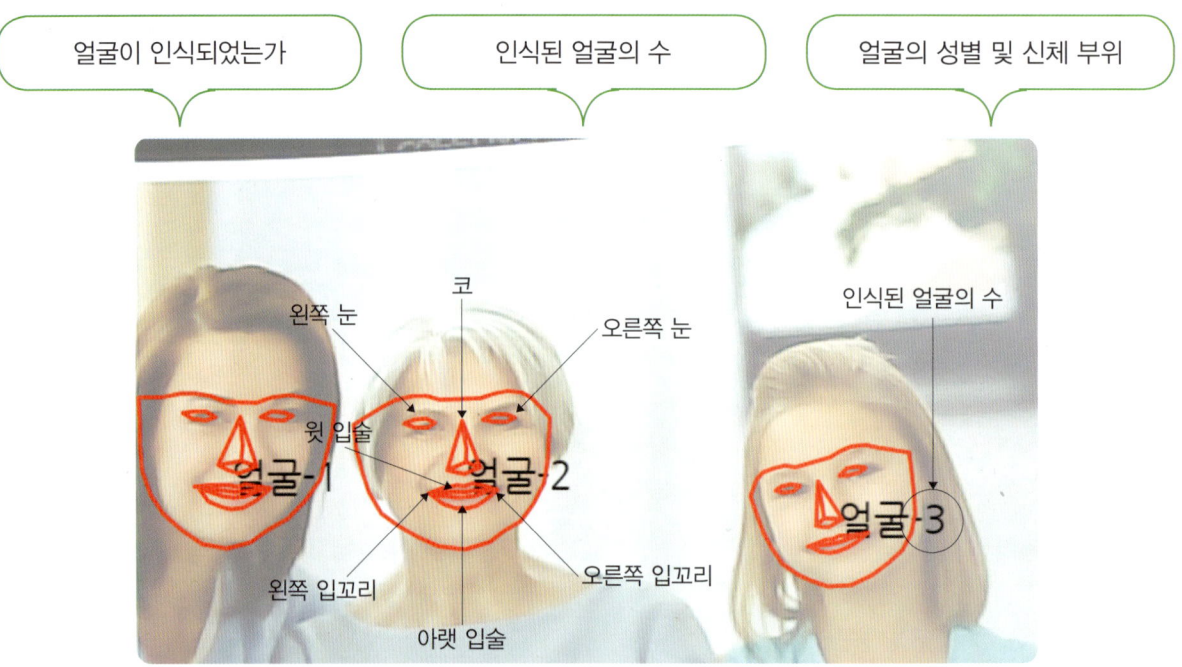

그럼 인공지능은 어떻게 얼굴을 알아차리고 각 부위의 정보들을 제공할 수 있을까요? 그것은 '점'입니다. 사람 얼굴의 복점이라도 찾는 것일까요? 그것은 아닙니다.

인공지능은 다양한 방식의 얼굴 인식 모형을 사용해서 카메라에 얼굴이 나타나는지를 빠르게 파악합니다. 그리고 얼굴 부위(눈, 코, 입, 귀, 턱 사이의 각도와 거리, 뼈의 돌출 등)의 특징적인 부분을 찾아 오른쪽 사진처럼 여러 점으로 나타냅니다. 이 점의 데이터 개수가 충분하면 선으로 연결하여 얼굴의 각 부위를 인식할 수 있습니다.

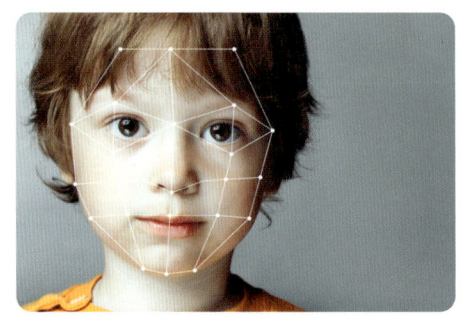

스마트폰에 얼굴을 대면 잠금을 해제할 수 있는 기능도 이 원리를 사용한 것이랍니다.

## AI 함께 생각해 봐요!

## 인공지능의 바람직한 활용

인공지능 윤리

최근 인공지능을 활용하여 예전에는 복잡하거나 해결하지 못한 문제를 해결하고 있습니다. 이러한 방식으로 우수한 인공지능 모델이 만들어지고 이를 서비스하는 것이 인공지능 API입니다. 이번 활동에서는 인공지능 얼굴 인식 API로 얼굴의 위치 정보를 파악하여 공부할 때 졸음을 깰 수 있는 일상생활 속 문제를 해결하였습니다.

얼굴 부위의 위치 정보를 파악할 수 있는 인공지능을 활용해서 여러분이 해결하고 싶은 문제는 무엇인지 생각해 봅시다.

> **예** 운전을 하거나 공사장에서 위험한 기계를 작동하는 사람들에게 졸음은 위험에 빠뜨릴 수 있는 원인이 될 수 있습니다. 인공지능을 이용해서 졸음 방지 등 사람을 돕는 프로그램을 만들고 싶습니다. 반대로, 잠이 부족한 사람들이 얼마나 잘 잤는지 등도 파악하고 싶습니다.

## 선택활동 1 — 유령을 잡아요

※유령을 향해 크게 소리를 질러 유령을 잡아 봅시다.

 **인공지능 블록 살펴보기**  프로그램에서 사용할 인공지능 블록을 살펴봅시다.

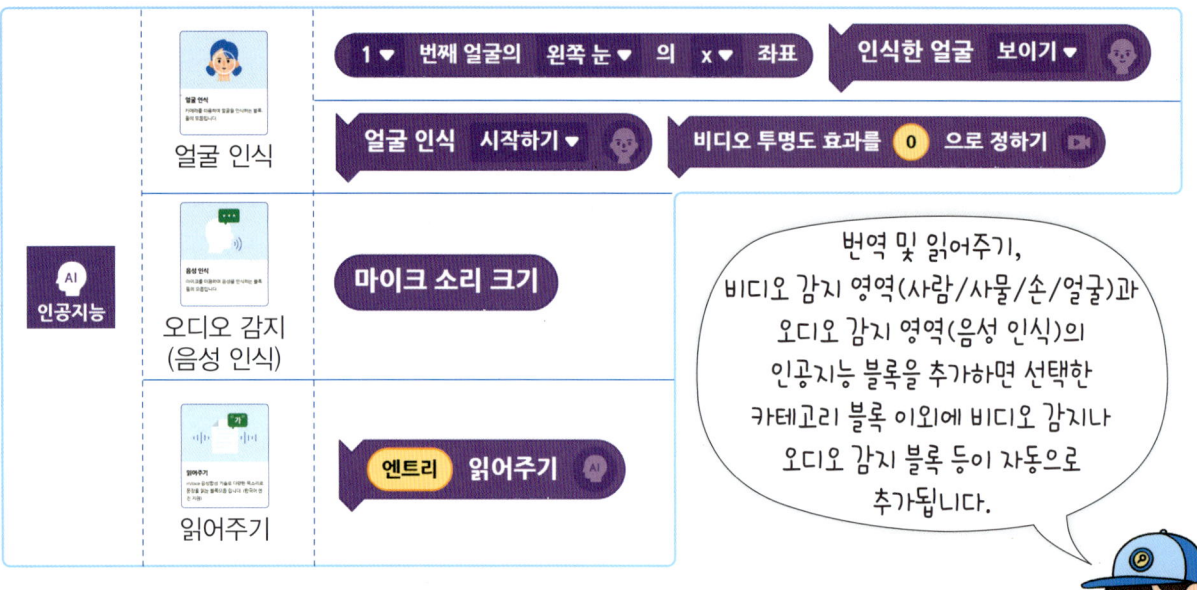

번역 및 읽어주기, 비디오 감지 영역(사람/사물/손/얼굴)과 오디오 감지 영역(음성 인식)의 인공지능 블록을 추가하면 선택한 카테고리 블록 이외에 비디오 감지나 오디오 감지 블록 등이 자동으로 추가됩니다.

 **작품 미리 보기**  프로그램 실행 결과를 미리 확인해 봅시다.

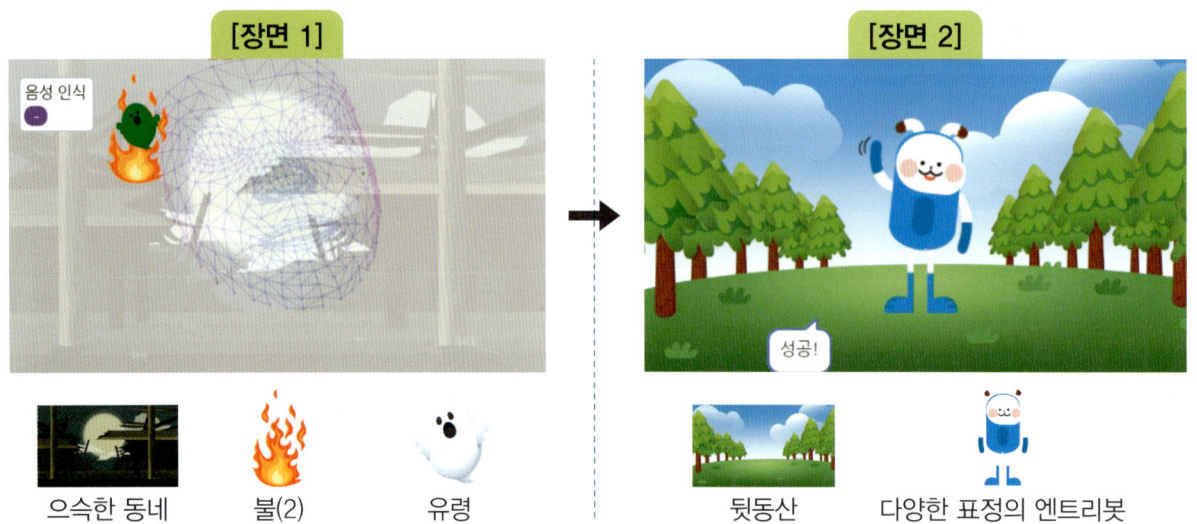

[장면 1] 으슥한 동네 / 불(2) / 유령

[장면 2] 뒷동산 / 다양한 표정의 엔트리봇

- 으슥한 동네에 유령이 나타났어요.
- 카메라 화면에 인식된 얼굴이 나타나면 입을 크게 벌려 소리를 내 보세요.
- 입에서 뿜은 불에 유령이 닿으면 유령의 색깔이 변하면서 점점 작아져요.
- 유령이 화면에서 사라지면 장면이 바뀌고, 엔트리봇이 2배로 커지면서 '성공' 메시지가 표시돼요.

## 프로그래밍하기 프로그램을 작성해 봅시다.

인공지능 API | 인공지능 학습 요소 ▶ 음성 인식·번역·읽어주기

# 2 누가 준 선물일까?

**학습 목표** 다양한 인공지능 블록을 활용하여 인식한 언어를 번역하여 말해 주는 프로그램을 만들 수 있습니다.

🔎 활동 전 **넓게** 생각해 보기

음성을 인식하거나 번역하고 합성하는 기술을 사용하여 할 수 있는 일에는 무엇이 있을까요?

# 1 너의 이야기를 들려줄래?

**남몰래 선의를 베푼 착한 사람이 누구인지 알고 싶어요.**

고요한 밤, 아이들을 위해 보육원 앞에 선물을 놓고 간 사람이 있어요. 이 선행을 목격한 사람은 말이 통하지 않는 외국인! 외국인의 말을 번역할 수 있는 방법은 무엇일까요?

외국인의 말을 듣고 바로 한국어로 번역하려면 어떻게 해야 하지?

음성 인식·번역·읽어주기 블록을 활용하면 돼요!

**프로젝트 미리 보기** 음성을 인식해서 글로 바꾸고, 설정한 언어로 번역하여 말합니다.

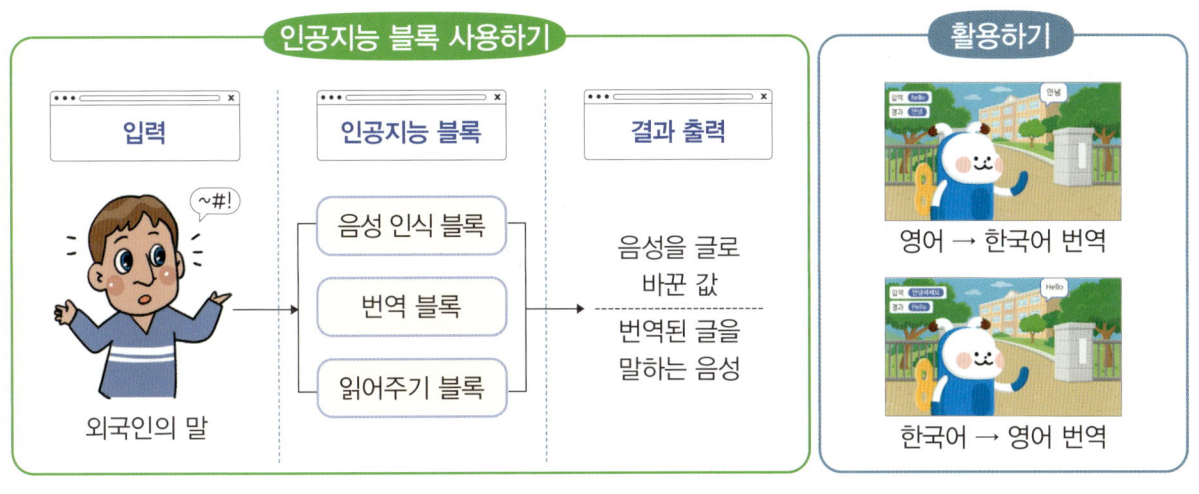

## 무엇으로 어떻게 해결할까?

문제 해결을 위해 필요한 인공지능 블록에 대해 알아봅시다.

### 1 무엇이 필요할까?

엔트리에서 제공하는 인공지능 블록 중에서 우리에게 필요한 것은 무엇인지 찾아봅시다.

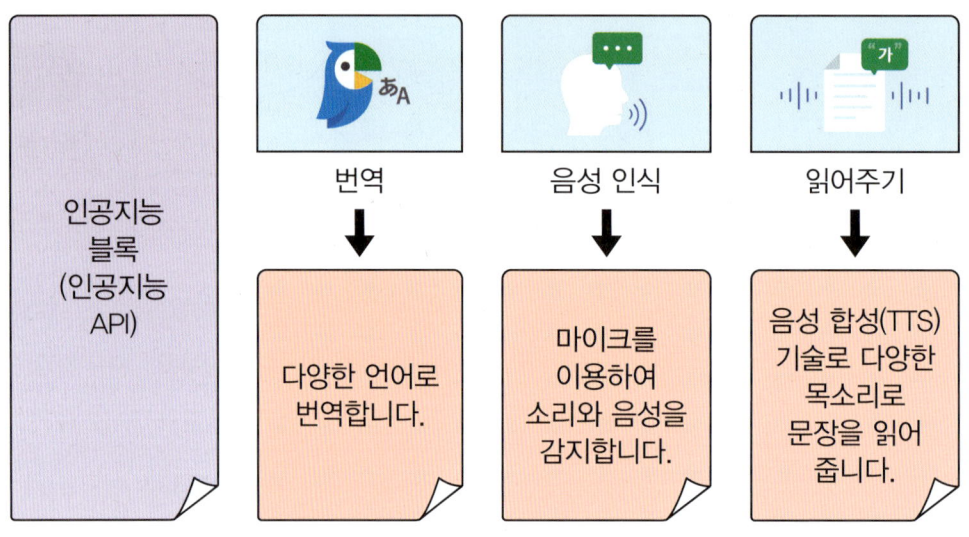

### 2 어떻게 해결할까?

사람과 인공지능이 외국어를 듣고, 번역하여 말하는 방법을 비교해 봅시다.

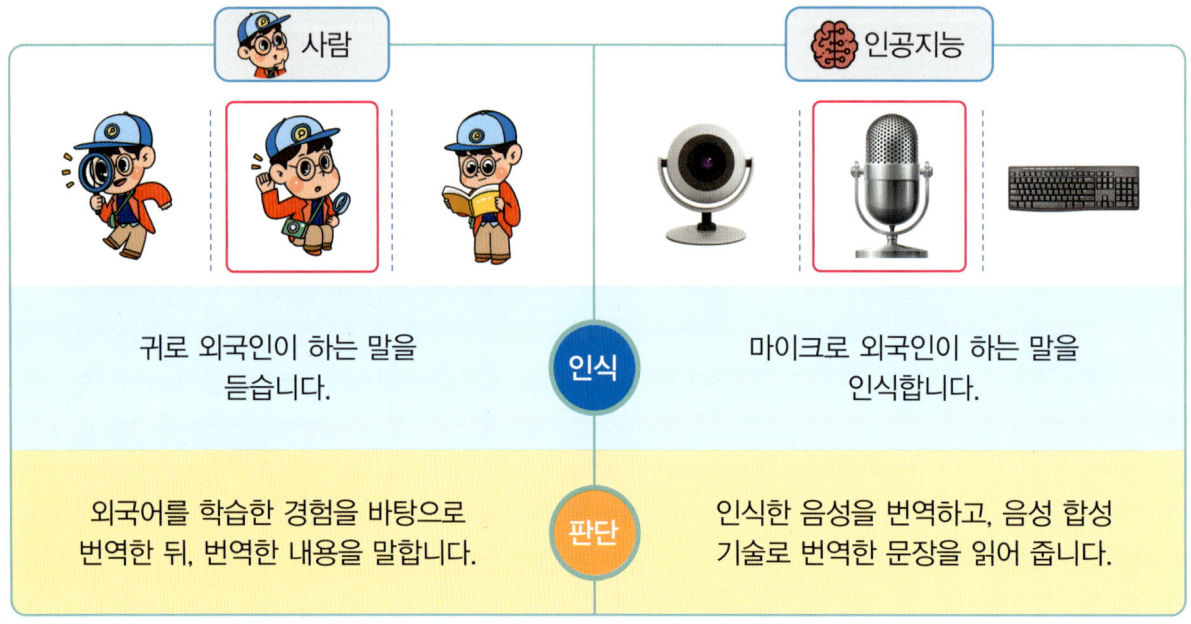

# 3 응답하라, 인공지능!

인공지능을 적용하기 위한 인공지능 블록 활용 방법을 알아봅시다.

## 1 인공지능 블록을 준비해요

블록 탭에서 문제 해결에 필요한 음성 인식, 번역, 읽어주기 블록을 추가합니다.

## 2 인공지능 블록을 배워요

인공지능 블록의 ▼을 누르면 선택된 항목 외에 다양한 항목으로 변경할 수 있습니다.

| 오디오 감지 명령 블록 | 기능 |
|---|---|
| 마이크가 연결되었는가? | 마이크가 연결되었는가에 대한 참과 거짓 값입니다. |
| 마이크 소리 크기 | 마이크 소리 크기 값입니다. |

| 음성 인식 명령 블록 | 기능 |
|---|---|
| 한국어▼ 음성 인식하기 | 음성 인식을 시작합니다. (지원언어: 한국어, 영어, 일본어) |
| 음성을 문자로 바꾼 값 | 음성을 문자로 바꾼 값입니다. |

| 읽어주기 명령 블록 | 기능 |
|---|---|
| 엔트리 읽어주기 | 문자를 음성으로 변환하여 출력합니다. |
| 엔트리 읽어주고 기다리기 | 입력한 문자 값을 읽어준 뒤, 다음 블록을 실행합니다. |
| 여성▼ 목소리를 보통▼ 속도 보통▼ 음높이로 설정하기 | 목소리의 성별과 속도 및 음높이를 설정합니다. |

| 번역 명령 블록 | 기능 |
|---|---|
| 한국어▼ 엔트리 을(를) 영어▼ (으)로 번역한 값 | 입력한 문자 값을 선택한 언어로 번역한 값입니다. |
| 엔트리 의 언어 | 문자의 언어 정보 값입니다. |

# 너를 위해 만들었어!

인공지능 블록을 활용하여 문제 해결을 위한 나만의 프로젝트를 만들어 봅시다.

## 1 해결 방법 생각하기

프로그램을 만들기 전에 해결 과정을 순서대로 나열합니다.

| 인공지능 [오디오 감지·음성 인식·번역 블록]으로 외국어를 인식하여 텍스트로 바꾸고 번역하기 |  | [읽어주기 블록]을 활용하여 번역한 결과를 음성으로 출력하기 |

## 2 화면 구성하기

오브젝트를 추가하여 화면을 구성합니다.

## 3 코드 작성하기

- 인공지능 – 인공지능 블록 불러오기 – (음성 인식), (번역), (읽어주기)를 추가합니다.
- 자료 – 변수 만들기 – 변수 추가하기 – '입력'과 '결과' 변수를 추가합니다.

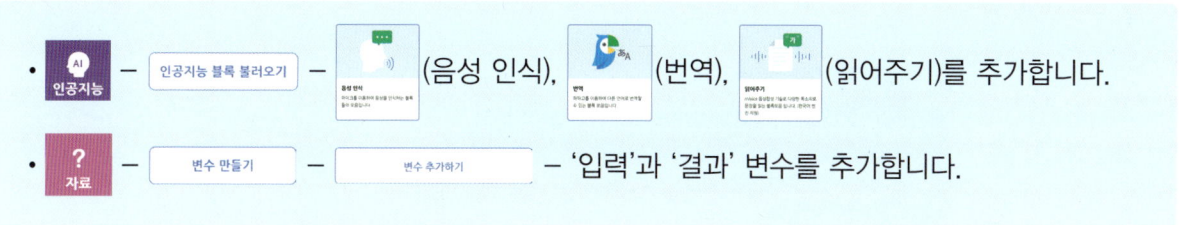

① 영어 음성을 인식하여 글로 바꾸고, 한국어로 번역하여 음성으로 알려 줍니다.

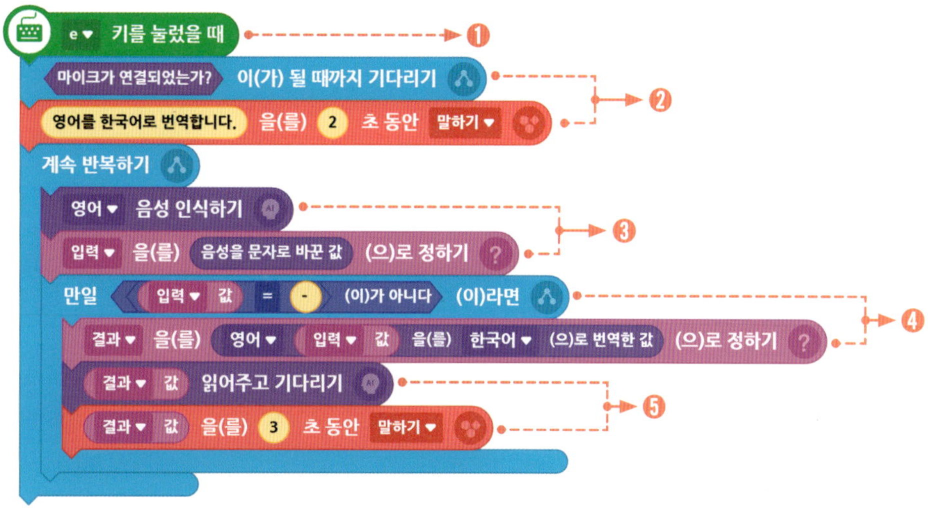

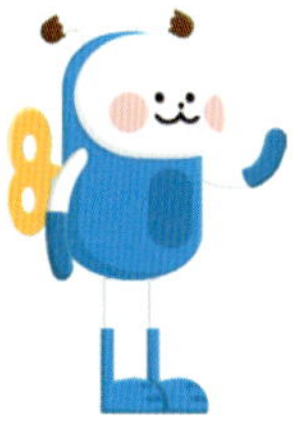

반가워하는 엔트리봇

1. 키보드의 e키를 누르면 아래 블록을 실행합니다.
2. 마이크가 연결되면 "영어를 한국어로 번역합니다."를 안내합니다.
3. 영어 음성을 글로 바꾼 값을 '입력' 변수에 저장합니다.
4. 만약 음성이 인식되었다면 한국어로 번역한 값을 '결과' 변수에 저장합니다. 엔트리에서는 음성이 입력되지 않으면 '음성을 문자로 바꾼 값' 항목에 '–' 기호가 자동으로 저장됩니다.
5. 영어를 한국어로 번역한 결과를 소리와 화면으로 출력합니다.

② 한국어 음성을 인식하여 글로 바꾸고, 영어로 번역하여 음성으로 알려 줍니다.

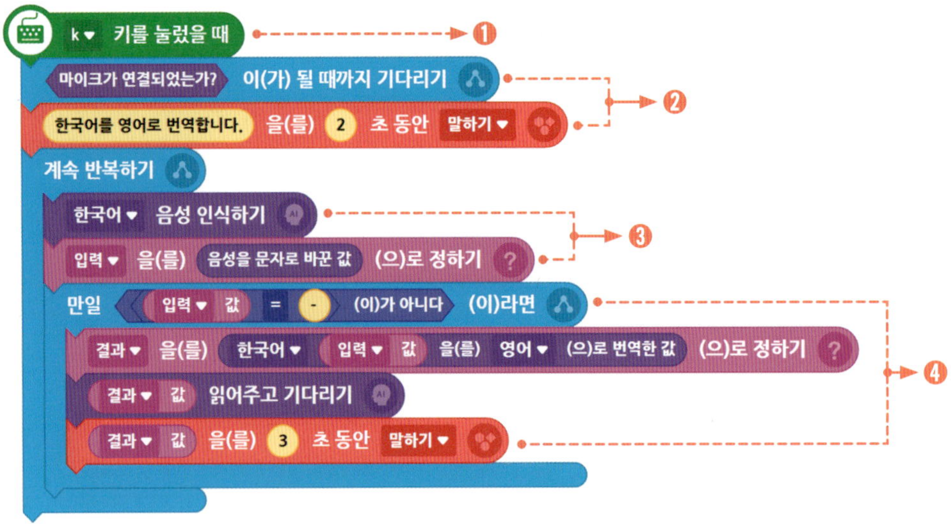

반가워하는 엔트리봇

❶ 키보드의 k키를 누르면 아래 블록을 실행합니다.

❷ 마이크가 연결되면 "한국어를 영어로 번역합니다."를 안내합니다.

❸ 한국어 음성을 글로 바꾼 값을 '입력' 변수에 저장합니다.

❹ 만약 음성이 인식되었다면 한국어로 번역한 값을 '결과' 변수에 저장합니다.
엔트리에서는 음성이 입력되지 않으면 '음성을 문자로 바꾼 값' 항목에 '-' 기호가 자동으로 저장됩니다.

한국어와 영어 외에도 12개
(일본어, 중국어-간체, 중국어-번체, 스페인어, 프랑스어, 독일어, 러시아어, 포르투갈어, 태국어, 베트남어, 인도네시아어) 언어를 번역할 수 있습니다.

## 4 실행 결과 확인하기

① e키나 k키를 누르면 엔트리봇이 입력한 말을 인식하여 글로 바꾸는지 확인합니다.

② 엔트리봇이 입력한 말을 번역한 뒤, 결과를 화면과 음성으로 출력하는지 확인합니다.

※ 번역을 마친 외국어는 기계적인 발음과 억양으로 출력되기 때문에 듣기에 자연스럽지 않고 어색할 수 있습니다.

# 5 정리해 볼까?

오늘 배운 내용을 되짚어 보면서 정리해 봅시다.

◆ 음성 인식

이번 활동에서 사용한 인공지능 블록 중 음성 인식에 대해 알아보겠습니다. 언어를 듣고, 말하고, 다른 나라의 말로 바꾸는 것은 오직 사람의 지능으로만 가능했습니다. 그런데 인공지능은 어떻게 이런 일을 할 수 있게 된 것일까요? 우선 언어를 듣고 말하는 원리를 간단히 살펴봅시다.

음성(소리)을 눈으로 본다면 이해하기 쉬울 것입니다.
아래 'Seeing Music' 사이트에 접속하여 Visualization(시각화)을 Waveform(파형)으로 변경한 뒤, 동화나 친구와 나눈 이야기, 노래 등의 음성을 마이크로 입력해 봅시다.

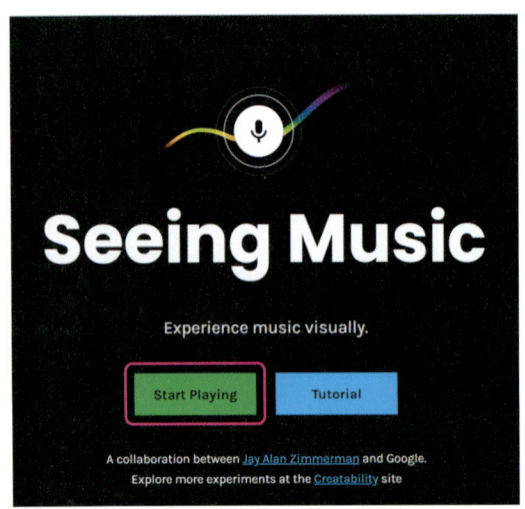
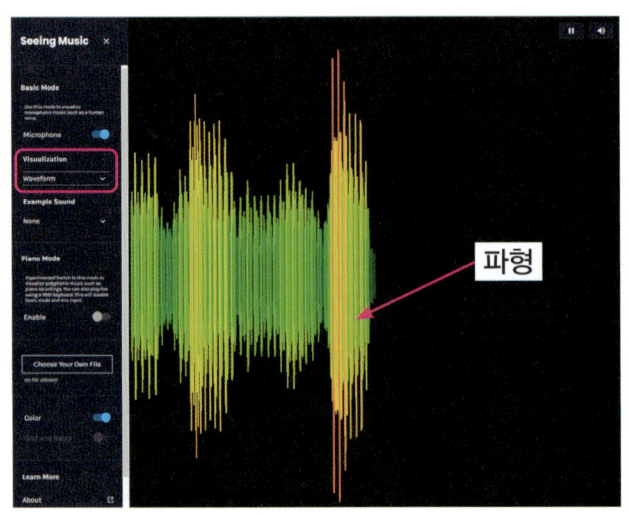

파도 모양으로 표현된 음성이 눈으로 보이나요? 이를 어려운 말로 '파형'이라고 합니다. 인공지능은 이 파형을 분석하여 음성을 인식할 수 있다고 합니다.

오늘은 주변에 있는 음성 스피커와 이야기를 나눠보는 것은 어떨까요? 인공지능의 음성 인식, 번역 등의 모든 것을 한 번에 만날 수 있을 겁니다.

## AI 함께 생각해 봐요!

## 인공지능의 바람직한 활용

인공지능 윤리

인공지능은 언어를 처리하여 다양한 의사소통을 돕습니다. 하지만 여기에서 말하는 의사소통이 단지 사람이 글과 음성으로 표현하는 것만을 의미할까요? 번역, 음성 인식의 세상을 더 넓게 바라보고, 어떻게 유용하게 활용할 수 있는지 생각해 봅시다.

---

> **예** 우리와 함께 살아가는 사람들 중에는 태어나면서 또는 사고로 장애를 갖게 되는 경우가 있습니다. 발전된 기술은 모두가 공평하게 사용할 수 있어야 합니다. 어려운 이들이 평범한 사람들과 아무런 불편함 없이 소통할 수 있도록 도울 수 있다면 어떨까요? 언어로 의사소통이 어려운 사람을 위한 수어 번역기가 있습니다. 인공지능이 수어를 모르는 이들과 수어를 사용할 수 밖에 없는 이들을 이어줍니다. 그리고 마음을, 생각을, 지혜를, 지식을 나눌 수 있게 합니다.
>
> 동물들도 저마다의 의사소통 방법이 있을 것입니다. 만일 사람이 인공지능의 도움을 얻어 동물의 언어를 이해하여 그들과 의사소통할 수 있다면 어떨까요? 사람은 자신의 증상을 의사에게 언어로 표현할 수 있지만 동물은 그렇게 하지 못합니다. 동물의 언어를 이해하고 그들과 소통할 수 있는 앱이 만들어지는 세상을 기대해 봅니다.

## 선택활동 ❷ 동물을 찾아요

※ 동물 농장에서 사라진 동물들을 찾아 봅시다.

### 🐾 인공지능 블록 살펴보기
프로그램에서 사용할 인공지능 블록을 살펴봅시다.

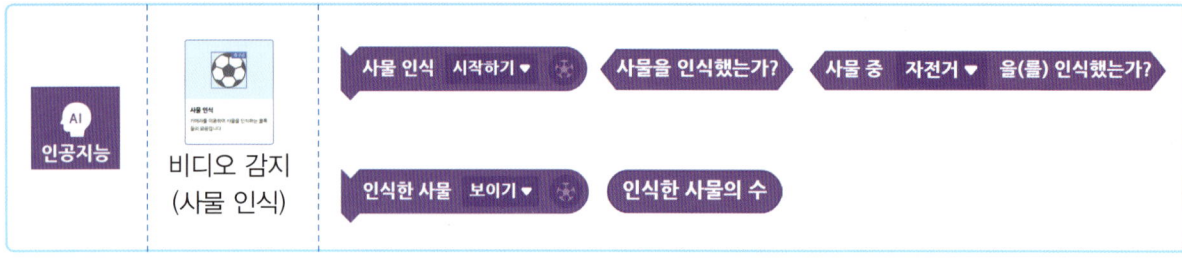

### 🐾 작품 미리 보기
프로그램 실행 결과를 미리 확인해 봅시다.

| 들판(4) | 어린 탐험가 | 코끼리 | 개 | 고양이 | 말 |

시작할 때, 비디오 인식 동작을 확인하기 위해 투명도를 설정합니다. 동물 네 마리를 모두 찾으면 배경의 투명도를 0으로 하여 배경이 선명하게 보이도록 합니다.

- 코끼리, 개, 고양이, 말 이미지를 준비해요.
- 동물 농장에서 사라진 동물들의 이미지를 카메라에 비춰서 네 마리의 동물을 모두 찾아요.

※ 데이터 카드는 씨마스에듀 홈페이지(cmassedumall.com)의 〈자료실〉에서 다운로드할 수 있어요.

## 프로그래밍하기 프로그램을 작성해 봅시다.

- '동물'과 '마리' 변수를 만듭니다.
- 동물 오브젝트에 '코끼리' – '코끼리 울음 소리', '개' – '강아지 짖는 소리', '고양이' – '고양이 울음 소리', '말' – '말 울음 소리'를 추가합니다.

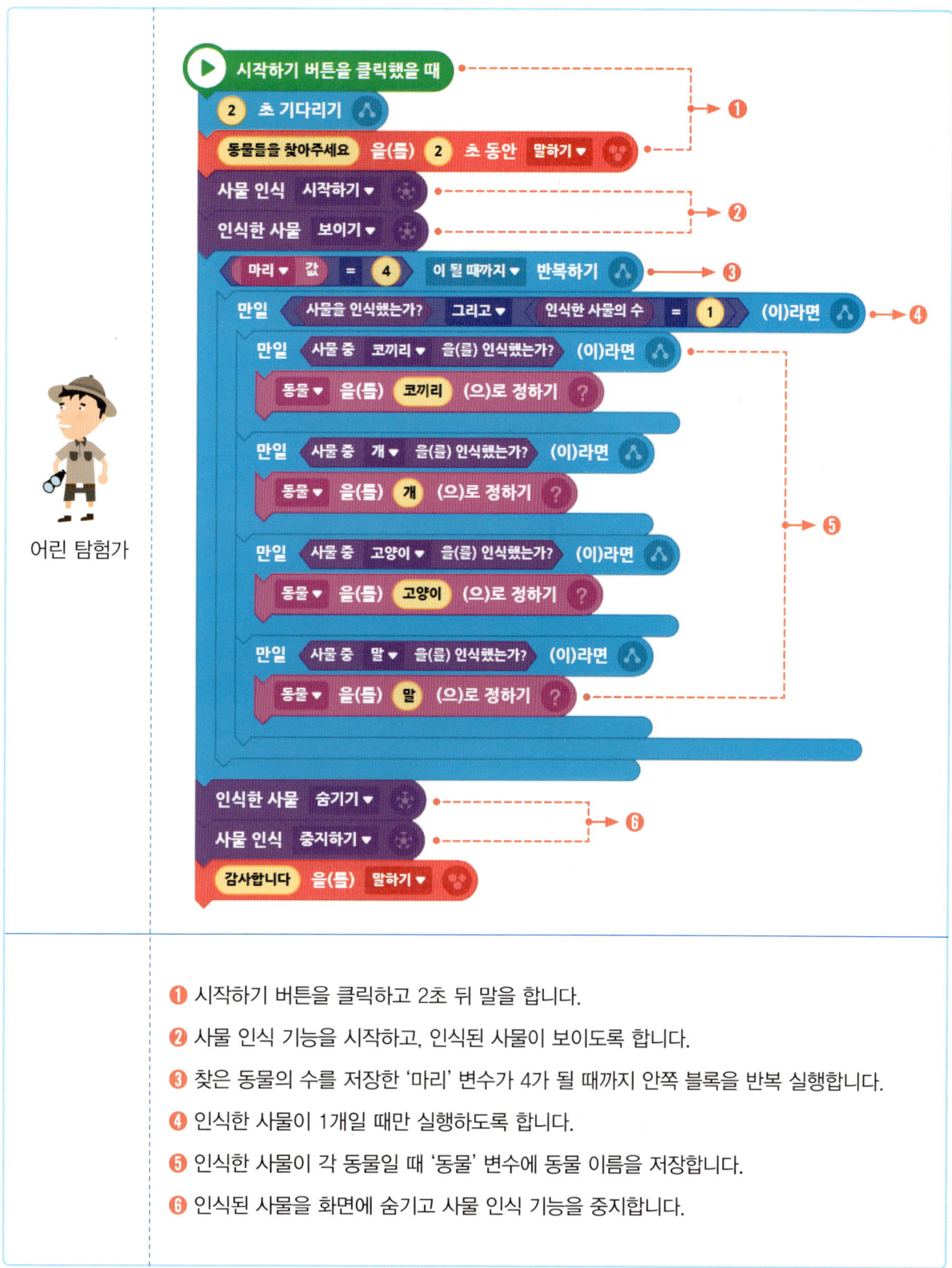

❶ 시작하기 버튼을 클릭하고 2초 뒤 말을 합니다.
❷ 사물 인식 기능을 시작하고, 인식된 사물이 보이도록 합니다.
❸ 찾은 동물의 수를 저장한 '마리' 변수가 4가 될 때까지 안쪽 블록을 반복 실행합니다.
❹ 인식한 사물이 1개일 때만 실행하도록 합니다.
❺ 인식한 사물이 각 동물일 때 '동물' 변수에 동물 이름을 저장합니다.
❻ 인식된 사물을 화면에 숨기고 사물 인식 기능을 중지합니다.

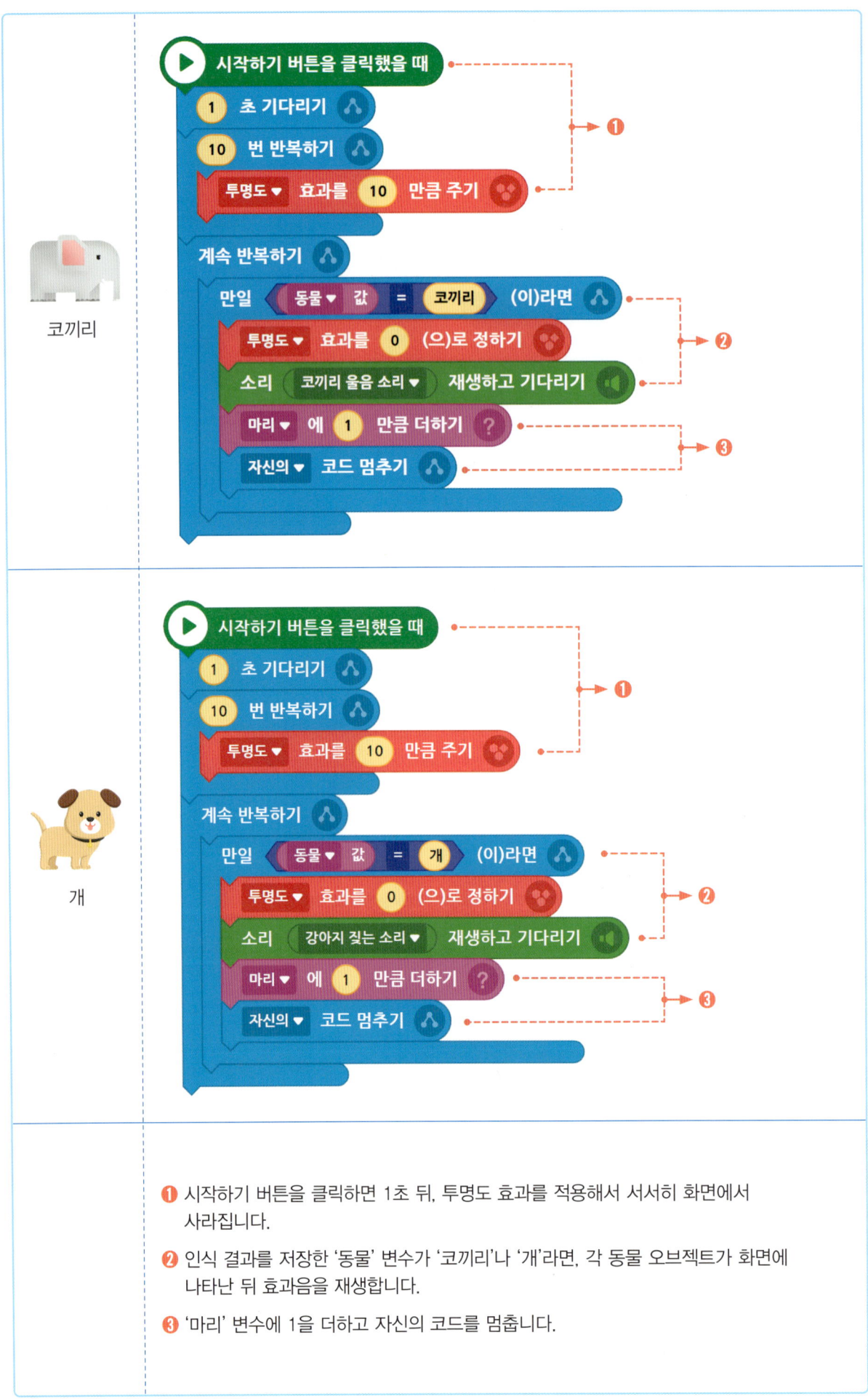

❶ 시작하기 버튼을 클릭하면 1초 뒤, 투명도 효과를 적용해서 서서히 화면에서 사라집니다.
❷ 인식 결과를 저장한 '동물' 변수가 '코끼리'나 '개'라면, 각 동물 오브젝트가 화면에 나타난 뒤 효과음을 재생합니다.
❸ '마리' 변수에 1을 더하고 자신의 코드를 멈춥니다.

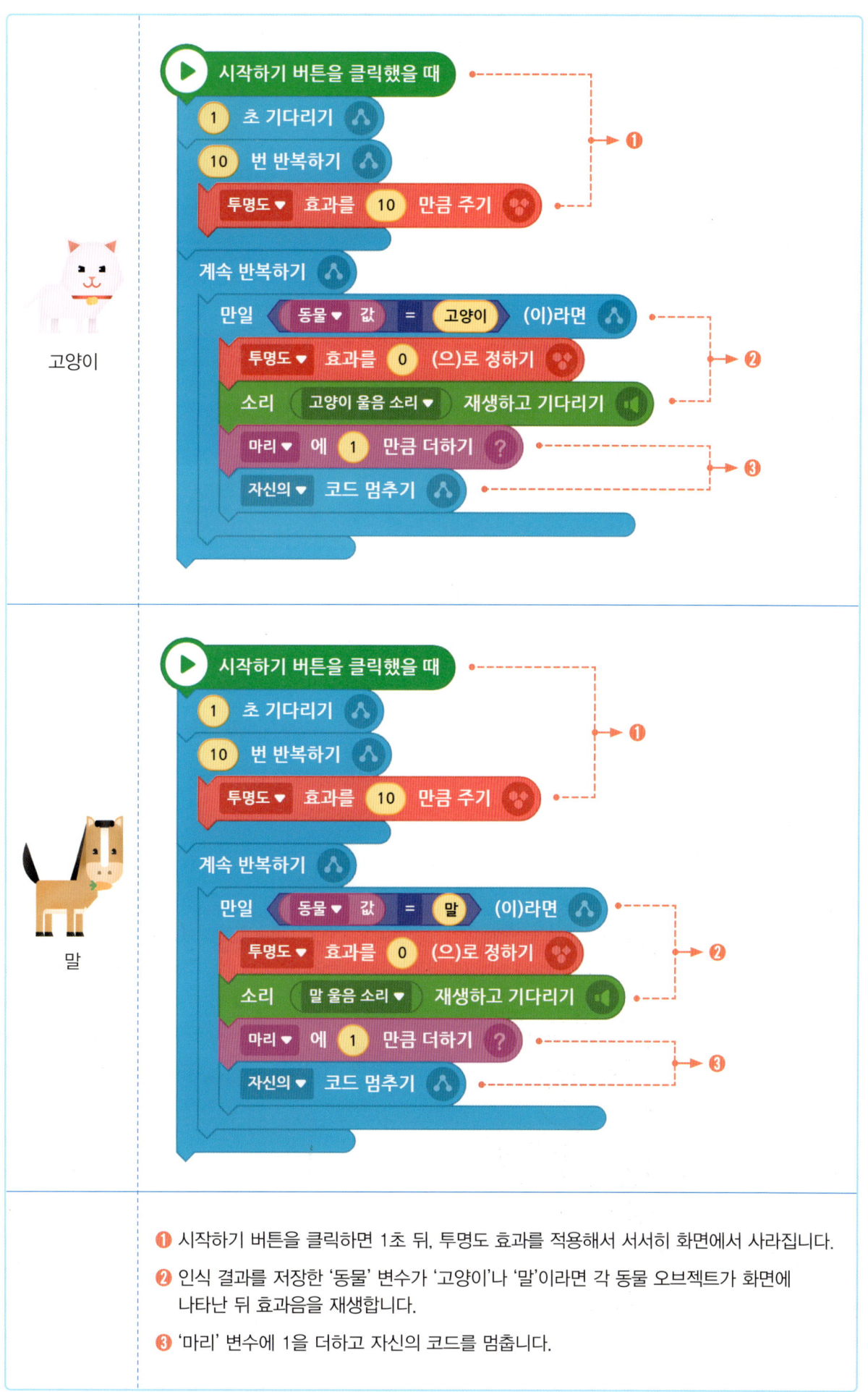

❶ 시작하기 버튼을 클릭하면 1초 뒤, 투명도 효과를 적용해서 서서히 화면에서 사라집니다.
❷ 인식 결과를 저장한 '동물' 변수가 '고양이'나 '말'이라면 각 동물 오브젝트가 화면에 나타난 뒤 효과음을 재생합니다.
❸ '마리' 변수에 1을 더하고 자신의 코드를 멈춥니다.

# 제 2 부
## 기계 학습과 데이터 분석

기계도 사람처럼 학습할 수 있을까?

내가 학습할 수 있도록 데이터를 주세요.

### 제2부에서는

기계를 학습시키는 방법 중의 하나인 **지도 학습**의 **분류**를 경험합니다.
데이터에 해당하는 레이블을 붙여서 학습시킨 모델은 나중에 학습하지 않은
데이터를 보고 특징을 발견하여 답을 예측할 수 있습니다.
이미지, 음성, 텍스트 데이터로 인공지능 모델 학습과 데이터 분석을 하여 문제를
해결해 봅니다.

| 활동명 | 인공지능 학습 요소 |
|---|---|
| 3. 동생의 마음을 읽어 줘! | 레이블, 훈련 데이터, 테스트 데이터 |
| 4. 토끼야, 맛있니? | 지도 학습 |
| 5. 누구의 유리 구두일까? | 검증 데이터 |
| 6. 말로 계산해요 | 신뢰도 |
| 7. 강아지일까, 고양이일까? | 음성(소리) 인식 |
| 8. 위험해, 비켜나세요 | 정확도 |
| 9. 뮤직 큐! 음악을 틀어 주세요 | 레이블 인코딩 |
| 10. 광고 메일을 걸러내! | 텍스트 전처리(원-핫 인코딩) |
| 11. 쑥쑥, 자라렴! | 텍스트 전처리(워드 임베딩) |
| 12. 어서 와, 한국은 처음이지? | 인공지능 프로젝트 사이클 |

# 기계가 스스로 학습을 한다고요?

컴퓨터는 데이터에서 찾은 특징으로 규칙을 만듭니다. 기계가 데이터를 통해 스스로 학습한다는 의미로 기계 학습이라고 말합니다.

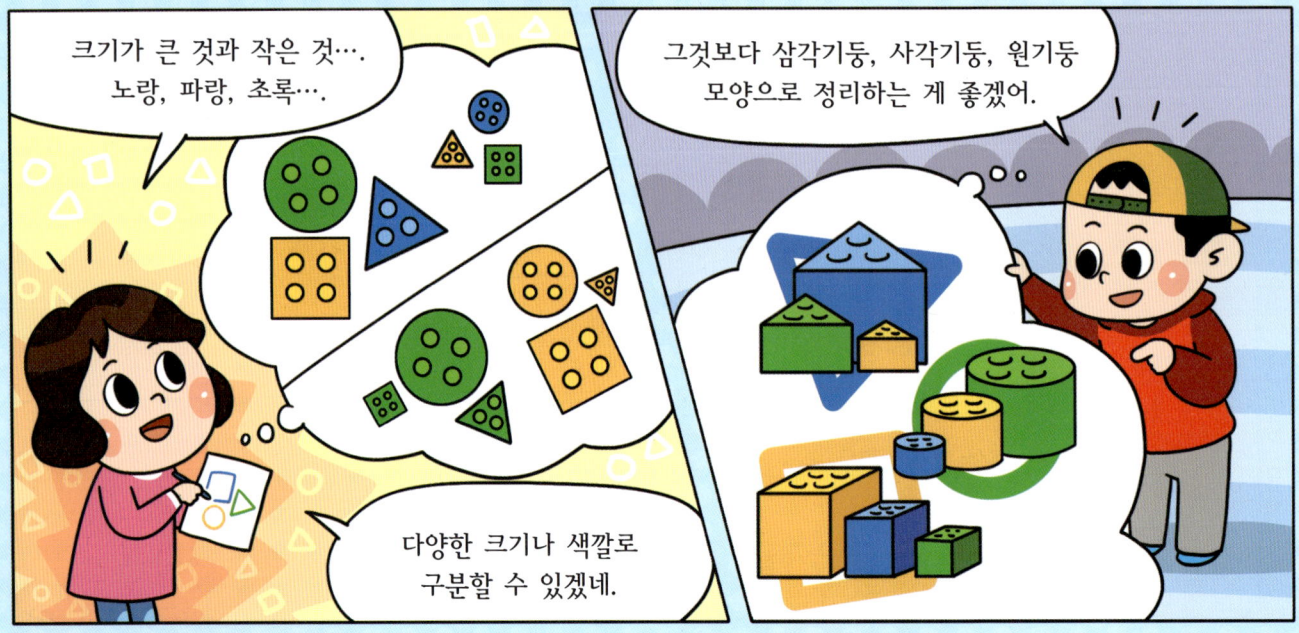

지도 학습  인공지능 학습 요소 ▶ 레이블, 훈련 데이터, 테스트 데이터

# 3 동생의 마음을 읽어 줘!

**학습 목표** 이미지 지도 학습을 이용하여 손그림이 무엇을 그렸는지 알려 주는 프로그램을 만들 수 있습니다.

**활동 전 넓게 생각해 보기**

세상 사람들이 서로 소통하는 데 도움을 주는 인공지능 개발 사례에는 어떤 것이 있을까요?

# 너의 이야기를 들려줄래?

**동생이 원하는 물건이 정확히 무엇인지 알고 싶어요.**

한글을 모르는 제 동생은 좋아하는 물건이 안 보이면 그림으로 그려서 저에게 찾아 달라고 해요. 하지만 저는 동생이 무엇을 그렸는지 도무지 모르겠어요.

**프로젝트 미리 보기** 손그림을 학습하여 새롭게 그린 그림이 무엇인지 알려 줍니다.

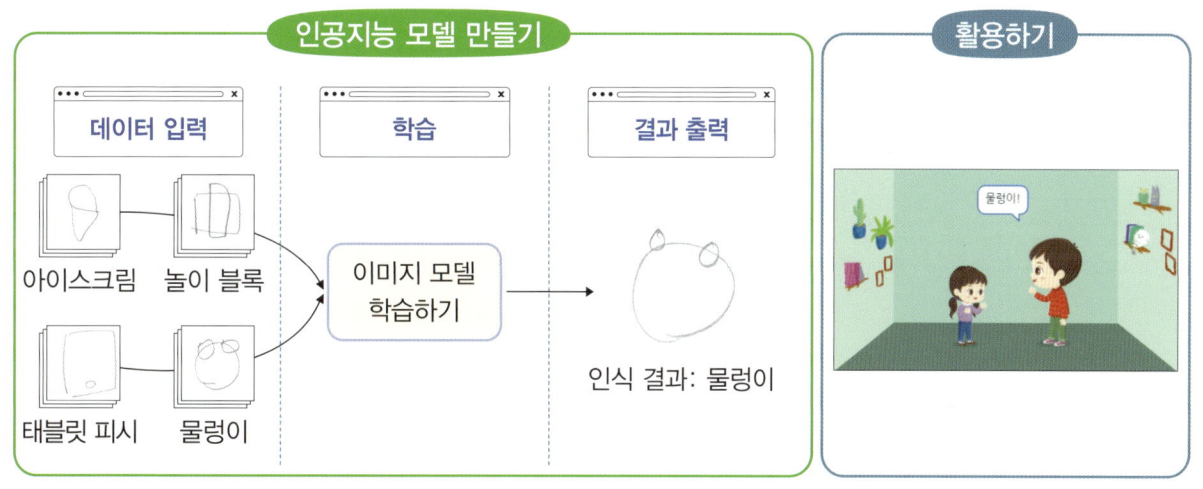

3. 동생의 마음을 읽어 줘!

# 무엇으로 어떻게 해결할까?

인공지능을 이용한 문제 해결 방법을 알아봅시다.

### 1 무엇이 필요할까?

컴퓨터는 데이터로 배웁니다. 컴퓨터가 배워야 할 데이터의 유형이 무엇인지 찾아봅시다.

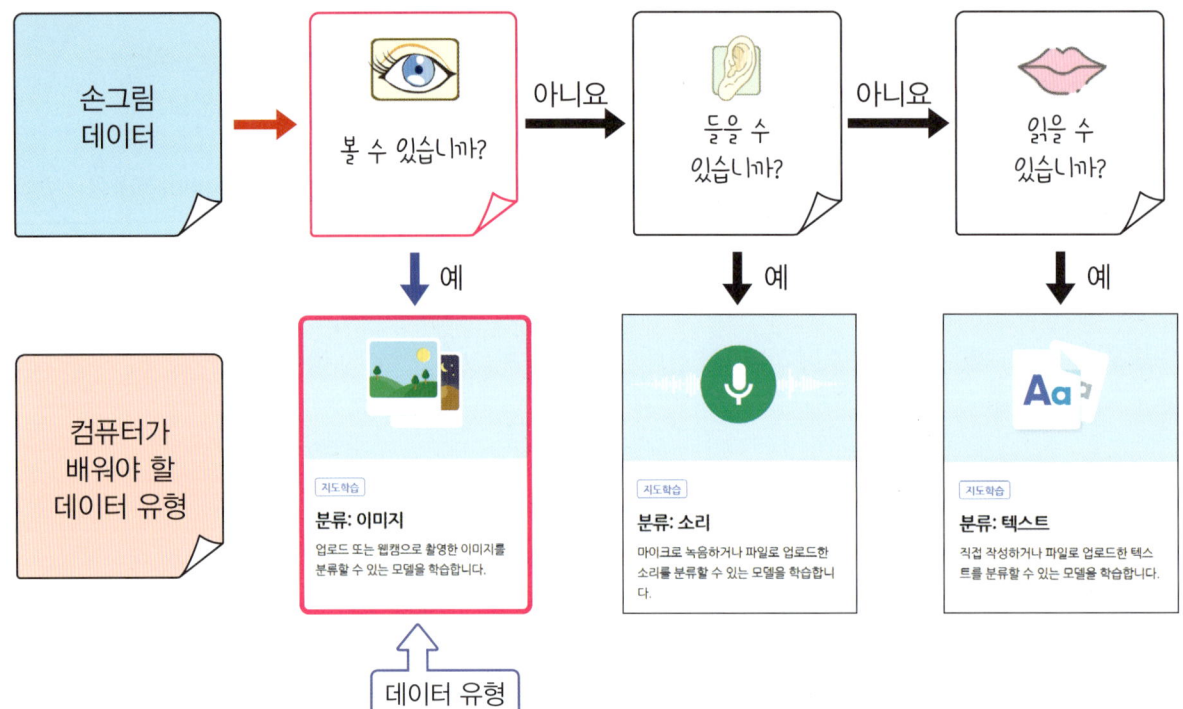

### 2 어떻게 해결할까?

사람과 인공지능이 동생의 손그림을 보고 어떤 물건인지 구분하는 방법을 비교해 봅시다.

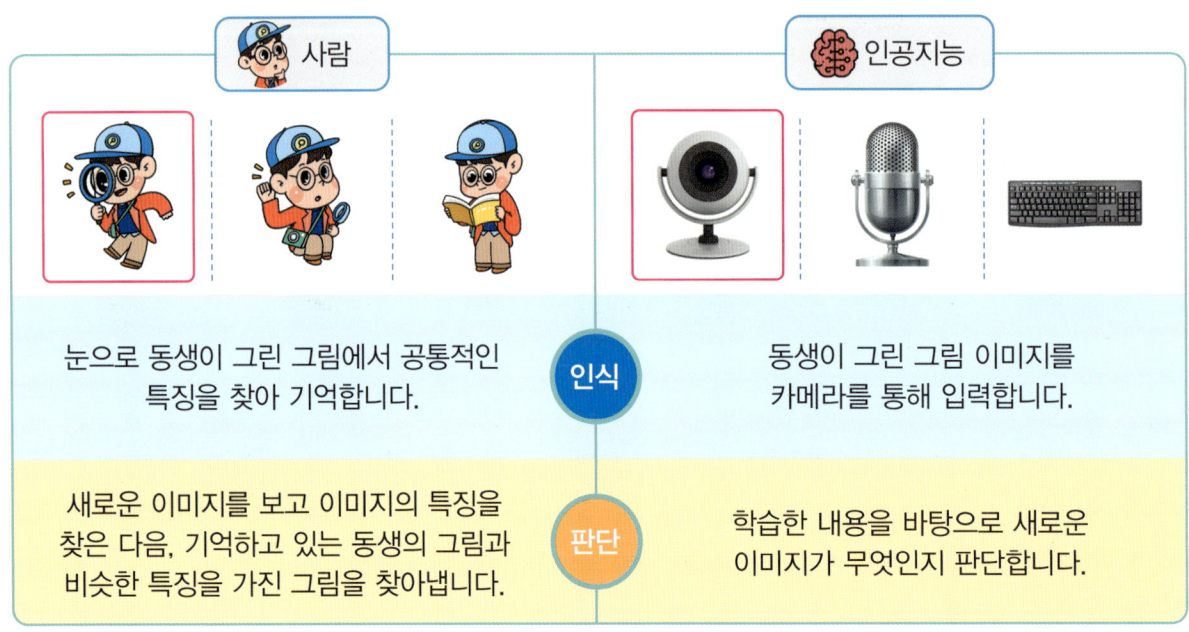

50 안녕! 엔트리 반가워! 인공지능

# 3 똑똑해져라, 인공지능!

**컴퓨터가 데이터를 통해 스스로 규칙을 발견할 수 있도록 모델 학습을 시작해 봅시다.**

## 1 데이터를 수집하고 분류해요

문제 해결에 필요한 데이터의 유형을 정한 뒤, 분류하려는 데이터를 클래스로 나눠 수집합니다.

| 유형 | 수집 방법 | 분류 |
| --- | --- | --- |
| 이미지 | 사물을 그린 이미지 데이터를 준비합니다. | • 아이스크림 • 놀이 블록<br>• 태블릿 피시 • 물렁이 |

161~175쪽에 있는 데이터 활동 카드에 직접 그린 이미지를 사용해도 됩니다.

**준비물**
데이터 카드 48장

◎ 제시되어 있는 사물을 그린 이미지를 준비합니다.

아이스크림

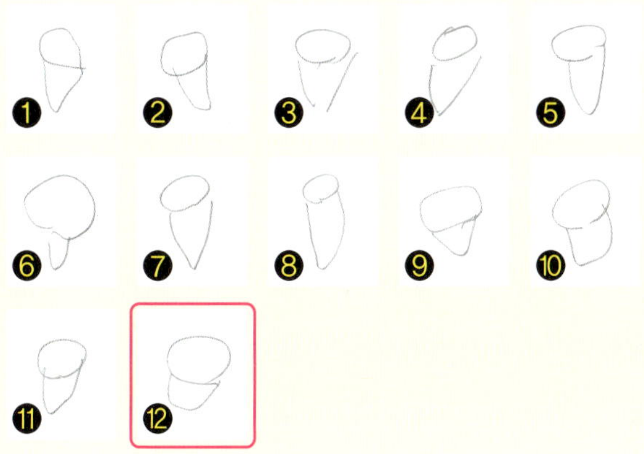

놀이 블록

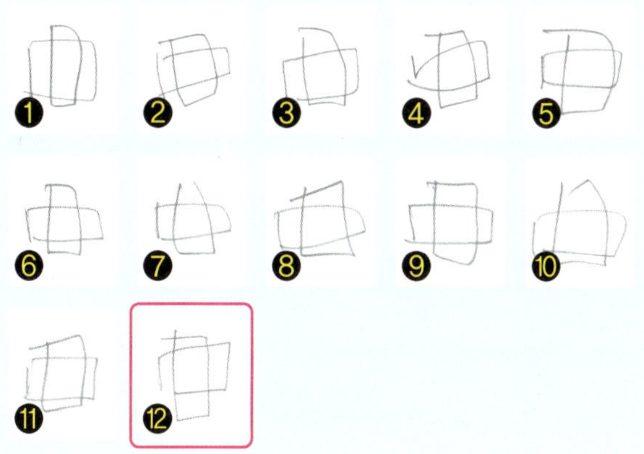

태블릿 피시

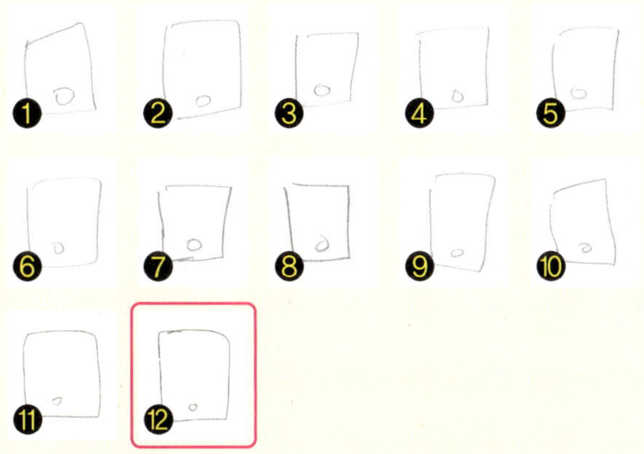

물렁이

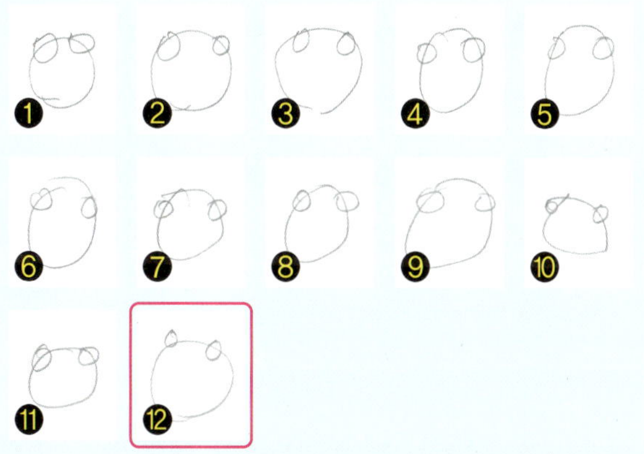

❶~⓫번: 훈련 데이터, ⓬번: 테스트 데이터

## 2 모델 학습을 해요

문제와 정답으로 구분한 훈련 데이터를 입력하여 모델 학습을 합니다.

※ 데이터 카드는 씨마스에듀 홈페이지(cmassedumall.com)의 〈자료실〉에서 다운로드 할 수 있어요.

### 훈련 데이터 입력하기

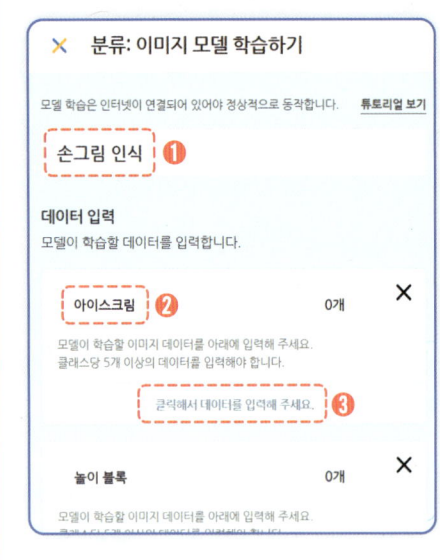 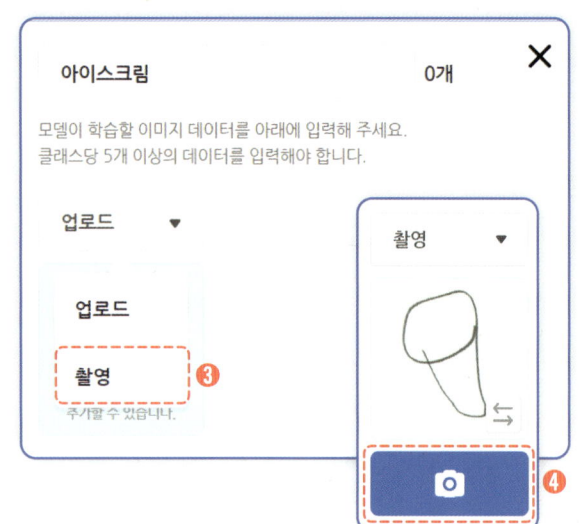

❶  (분류: 이미지)를 선택하고 모델의 이름을 '손그림 인식'으로 입력합니다.

❷ 컴퓨터가 출력해야 할 정답(클래스)을 각각 '아이스크림', '놀이 블록', '태블릿 피시', '물렁이'로 입력합니다.

❸ 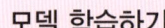 를 클릭한 뒤, 데이터 입력 방식을 '촬영'으로 선택합니다.

❹ 컴퓨터가 학습할 문제 이미지(❶~⓫번)를 카메라(웹캠)로 촬영하여 입력합니다.

### 모델 학습하기

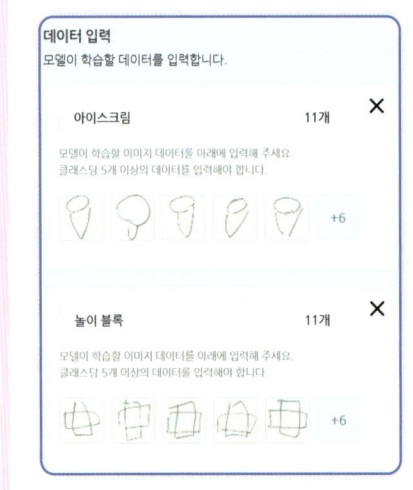 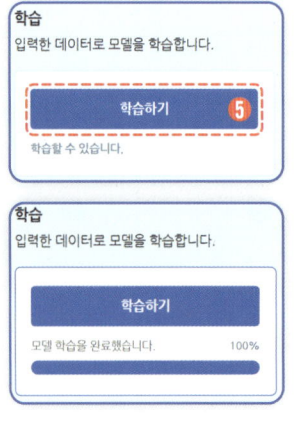

'태블릿 피시', '물렁이' 클래스에도 데이터를 넣어 학습시켜 주세요.

❺ 각 클래스에 입력한 데이터를 이용하여 모델을 학습시킵니다.

### 3 모델의 성능을 평가해요

학습을 완료한 모델이 입력한 데이터를 정확하게 분류하는지 결과를 확인합니다.

#### 테스트 데이터 입력하기

'세대', '배치 크기', '학습률', '검증 데이터 비율' 등의 용어 의미는 157~159쪽의 만화를 참고하세요.

 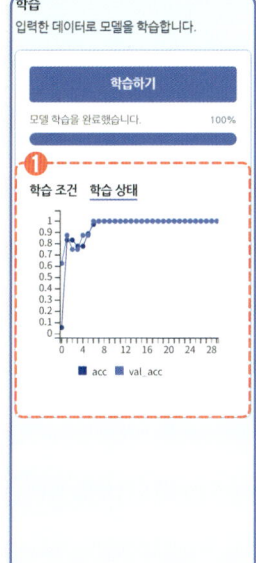 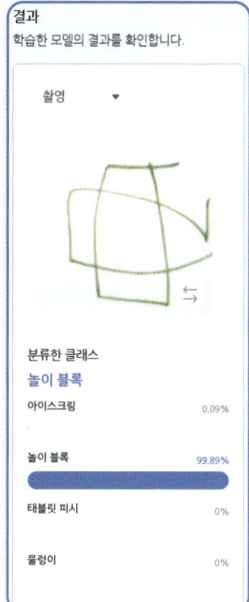 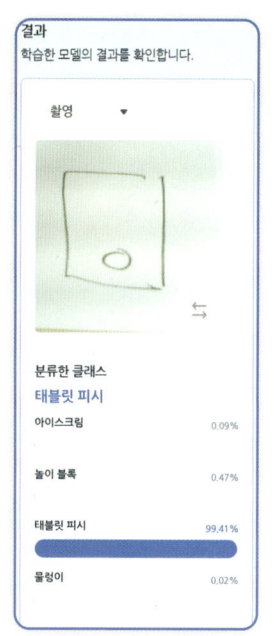

① 모델 학습을 완료했습니다. 를 클릭한 뒤 학습 조건 ↔ 학습 상태 버튼으로 학습 조건과 학습 상태를 확인합니다. ■(acc)와 ■(val_acc)는 1에 가까워질수록 높은 정확도를 의미합니다.

② ②의 모델 학습 과정에서 사용하지 않은 테스트 데이터(⑫번)를 준비합니다.
[결과] - 촬영 ▼ 을 선택한 뒤 카메라에 테스트 데이터를 비추어 입력합니다.

#### 분류 결과 확인하기

분류 결과에 ○표 또는 ×표를 합니다.

③ 학습 모델이 새로운 데이터를 정확히 분류한다면 적용하기 를 눌러 모델을 저장하고, 그렇지 않다면 ②의 과정으로 돌아가서 충분한 데이터로 학습을 반복합니다.

# 4 너를 위해 만들었어!

인공지능 모델을 활용하여 문제 해결을 위한 나만의 프로젝트를 만들어 봅시다.

## ① 해결 방법 생각하기

프로그램을 만들기 전에 해결 과정을 순서대로 나열합니다.

| 시작하기 버튼을 클릭하여 손그림 인식하기 | → | 분류한 결과 말하기 |

## ② 화면 구성하기

오브젝트를 추가하여 화면을 구성합니다.

## ③ 코드 작성하기

- 인공지능 의 〈학습한 모델로 분류하기〉 〈분류 결과〉 〈분류 결과가 아이스크림▼ 인가?〉 블록을 사용합니다.
  재학습시 관련된 블록은 코드블록에서 삭제되므로 주의하도록 합니다.

◆ 시작하기 버튼을 클릭하면 카메라 인식 창이 열리고, 손그림을 분류한 결과를 말합니다.

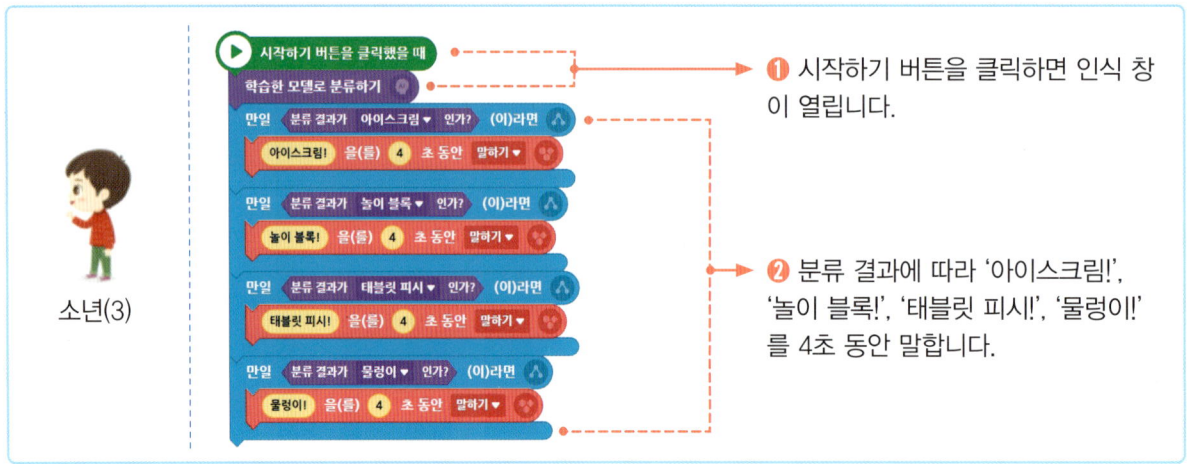

❶ 시작하기 버튼을 클릭하면 인식 창이 열립니다.

❷ 분류 결과에 따라 '아이스크림!', '놀이 블록!', '태블릿 피시!', '물렁이!'를 4초 동안 말합니다.

## 4 실행 결과 확인하기

① 시작하기 버튼을 클릭하면 카메라 인식 창이 열리는지 확인합니다.
② 분류 결과에 따라 소년(3)이 손그림이 무엇을 그린 것인지를 말하는지 확인합니다.

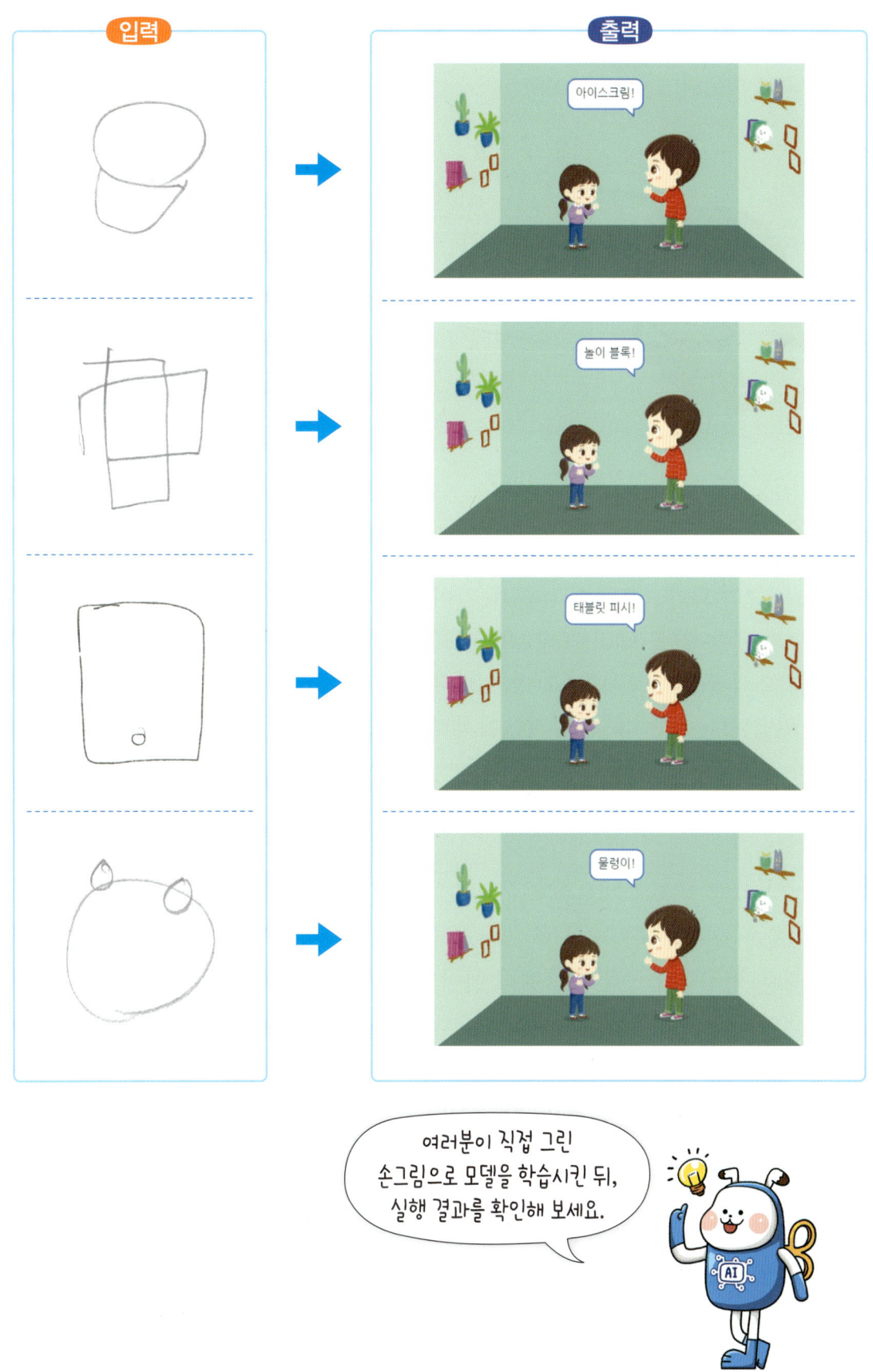

3. 동생의 마음을 읽어 줘! 55

# 5 정리해 볼까?

**오늘 배운 내용을 되짚어 보면서 정리해 봅시다.**

◆ 레이블, 훈련 데이터, 테스트 데이터

이번 활동에서 인공지능에게 학습시킨 동생의 그림 중 놀이 블록 그림이 실제 놀이 블록과 비슷했나요? 약간 비슷해 보이긴 하지만 다른 사람에게 이게 무엇인지 물으면 쉽게 대답할 수 있을 것 같지 않아요.

여기에서 중요한 것은 동생이 그린 놀이 블록을 인공지능에게 놀이 블록이라고 알려 주고 학습시켰다는 점입니다. 이렇게 학습한 것이 무엇인지 알려 주는 값을 **레이블(label)**이라고 합니다. 정답이라고도 하고 꼬리표(이름표)라는 의미도 있습니다. 엔트리 모델 학습에서의 클래스란 이 레이블을 의미합니다.

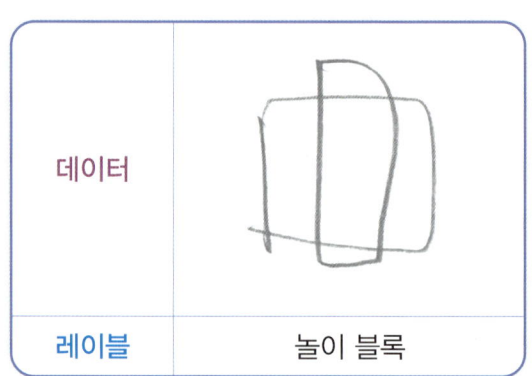

오늘 만든 인공지능 모델이 새로운 이미지를 잘 인식하지 못할 때가 있죠? 이러한 경우는 새로운 이미지가 모델을 학습시킬 때 사용한 이미지와 매우 다른 형태로 그려졌기 때문일 겁니다. 사람은 인식력이 아주 우수해서 이미지가 비슷하다고 판단하겠지만, 기계는 아직 학습이 덜 되어서 같은 사물을 그렸다고 판단하지 못합니다. 이럴 때는 손그림 데이터를 더 많이 입력해서 인식 능력을 높일 수 있습니다. 이렇게 인공지능 모델이 똑똑해지길 바라며 학습에 사용하는 데이터를 **훈련 데이터(training data)**라고 합니다.

이렇게 생성된 인공지능 모델은 아직 그려지지 않은 그림도 비슷한 모양이면 인식할 수 있어야 합니다. 학습이 제대로 된 인공지능 모델인지 확인하려면 학습에 사용되지 않은 데이터가 있어야겠죠? 이러한 데이터를 **테스트 데이터(test data)**라고 합니다.

## AI 함께 생각해 봐요!

## 인공지능의 활용

인공지능 윤리

인공지능은 사람이 평생 동안 학습해도 모두 기억하기 힘든 방대한 양의 데이터를 학습할 수 있습니다. 이러한 인공지능의 능력은 어떻게 활용되고 있을까요?

세상 사람들이 서로 소통하는 데 도움을 주는 인공지능 활용 사례에는 무엇이 있는지 생각해 봅시다.

> 예 구글의 유포니아(Euphonia)는 목소리를 낼 수는 있지만 청력을 잃은 사람들이나 발음에 어려움이 있는 사람들의 발음을 교정해 주는 인공지능 프로그램입니다. 이러한 사람들이 내는 말을 입력하면 음성을 인식한 뒤, 발음을 분석하여 말한 내용을 다른 사람들이 쉽게 이해할 수 있도록 교정합니다.

지도 학습  인공지능 학습 요소 ▶ **지도 학습**

# 4 토끼야, 맛있니?

**학습 목표** 이미지 지도 학습을 이용하여 토끼가 먹을 수 있는 음식인지 판단해 주는 프로그램을 만들 수 있습니다.

아이고, 배야~ 토끼 죽네!

**활동 전 넓게 생각해 보기**

토끼가 먹을 수 있는 음식인지 아닌지 판단해 주는 프로그램이 있다면 토끼는 항상 안전할까요?

 # 너의 이야기를 들려줄래?

성식이는 배가 아파 울고 있는 토끼를 도와주고 싶어요.

성식이는 앞으로 토끼가 젤리를 먹지 않게 도와주고 싶어요. 탐정님, 음식을 보고 토끼가 먹을 수 있는 음식인지 아닌지 판단할 수 있을까요?

**프로젝트 미리 보기** 채소나 젤리 이미지를 입력해서 채소인지 젤리인지 판단합니다.

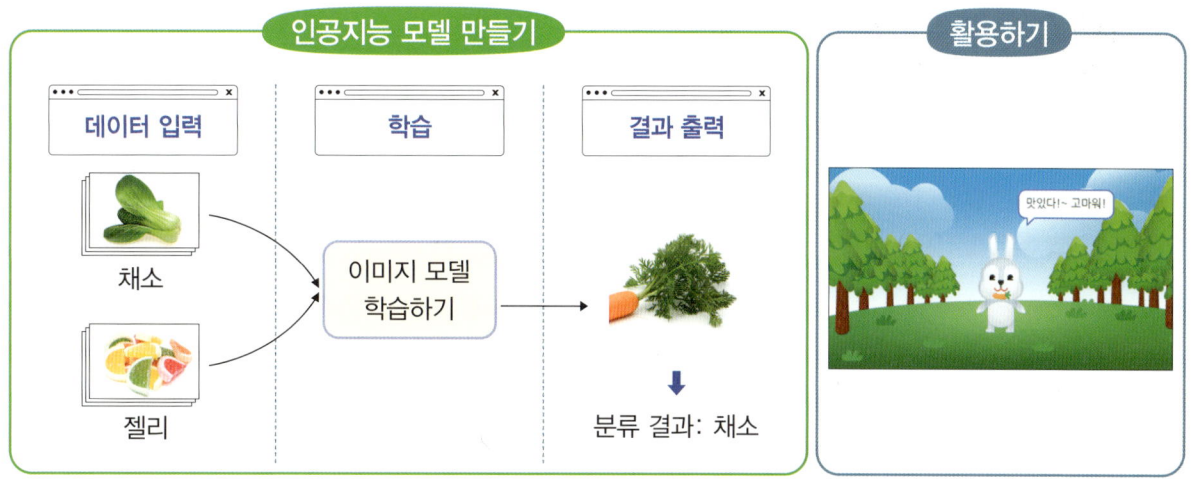

4. 토끼야, 맛있니? **59**

# 무엇으로 어떻게 해결할까?

**인공지능을 이용한 문제 해결 방법을 알아봅시다.**

## 1 무엇이 필요할까?

컴퓨터는 데이터로 배웁니다. 컴퓨터가 배워야 할 데이터의 유형이 무엇인지 찾아봅시다.

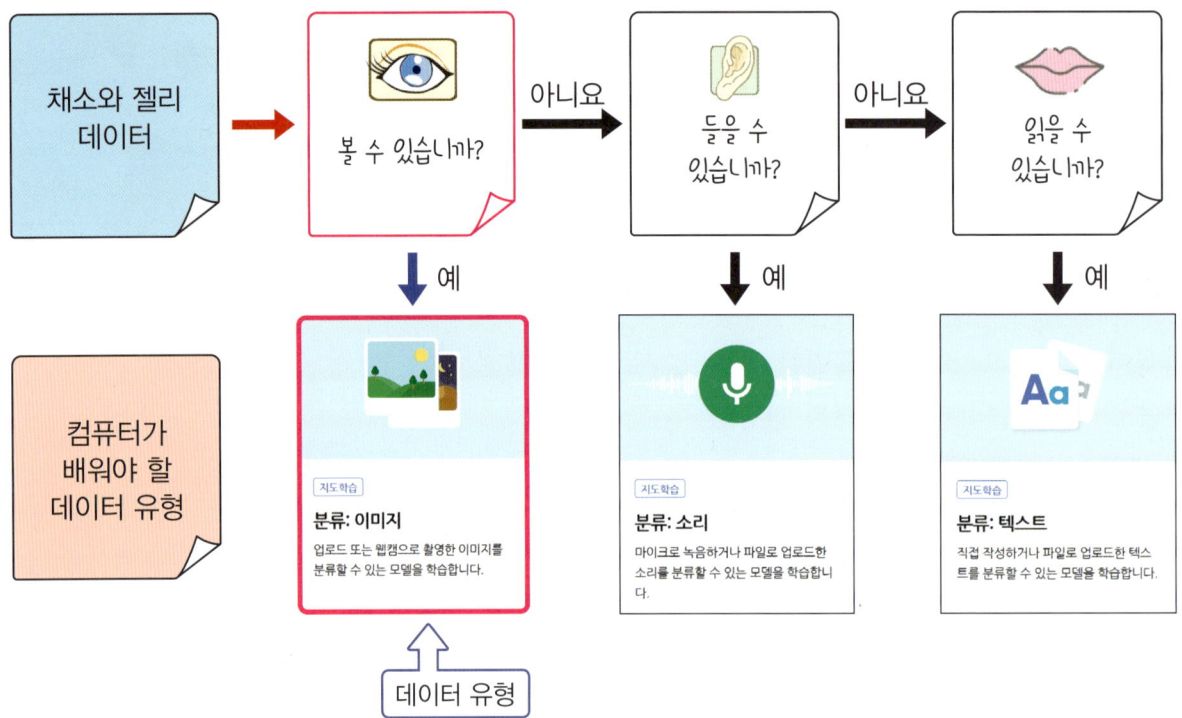

## 2 어떻게 해결할까?

사람과 인공지능이 채소와 젤리를 인식하는 방법을 비교해 봅시다.

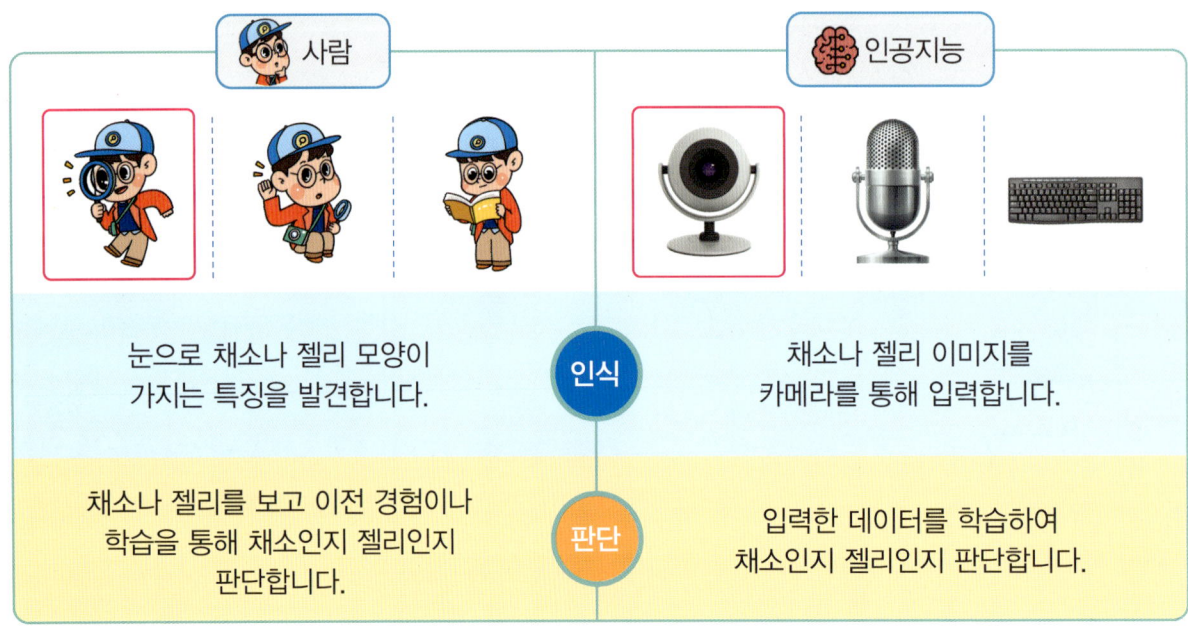

# 똑똑해져라, 인공지능!

컴퓨터가 데이터를 통해 스스로 규칙을 발견할 수 있도록 모델 학습을 시작해 봅시다.

## 1 데이터를 수집하고 분류해요

문제 해결에 필요한 데이터의 유형을 정한 뒤, 분류하려는 데이터를 클래스로 나눠 수집합니다.

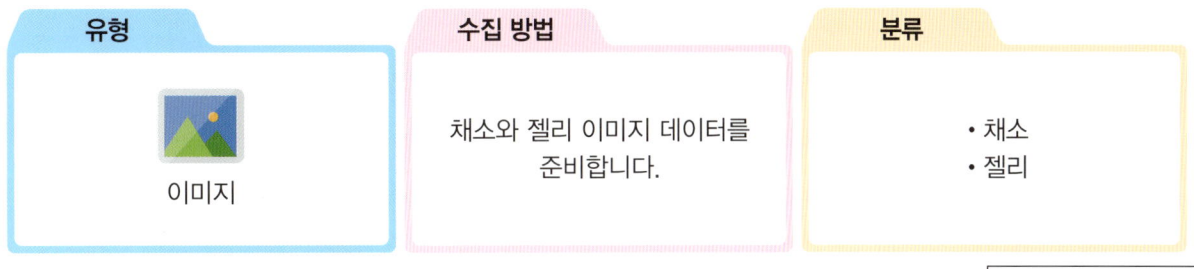

| 유형 | 수집 방법 | 분류 |
|---|---|---|
| 이미지 | 채소와 젤리 이미지 데이터를 준비합니다. | • 채소<br>• 젤리 |

**준비물**
채소 카드 10장
젤리 카드 10장

◎ 여러 가지 채소와 젤리 이미지를 준비합니다.

채소

젤리

❶~❾번: 훈련 데이터, ❿번: 테스트 데이터

훈련 데이터는 컴퓨터가 규칙을 학습하는 데 사용하고, 테스트 데이터는 정답률을 계산하는 데 사용해요.

## ❷ 모델 학습을 해요

문제와 정답으로 구분한 훈련 데이터를 입력하여 모델 학습을 합니다.

※ 데이터 카드는 씨마스에듀 홈페이지(cmassedumall.com)의 〈자료실〉에서 다운로드할 수 있어요.

### 훈련 데이터 입력하기

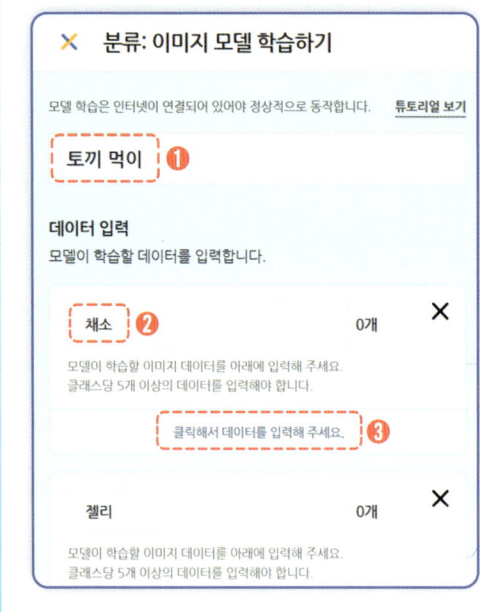

❶ [인공지능] — [인공지능 모델 학습하기] — [이미지] (분류: 이미지)를 선택하고 모델의 이름을 '토끼 먹이'로 입력합니다.

❷ 컴퓨터가 출력해야 할 정답(클래스)을 각각 '채소'와 '젤리'로 입력합니다.

❸ [클릭해서 데이터를 입력해 주세요.]를 클릭한 뒤, 데이터 입력 방식을 '촬영'으로 선택합니다.

❹ 컴퓨터가 학습할 문제 이미지(❶~❾번)를 카메라(웹캠)로 촬영하여 입력합니다.

### 모델 학습하기

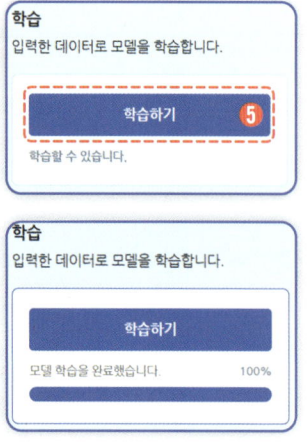

❺ 각 클래스에 입력한 데이터를 이용하여 모델을 학습시킵니다.

카메라(웹캠)로 촬영하지 않고 이미지 파일을 업로드해서 학습시킬 수도 있습니다.

## 3 모델의 성능을 평가해요

학습을 완료한 모델이 입력한 데이터를 정확하게 분류하는지 결과를 확인합니다.

### 테스트 데이터 입력하기

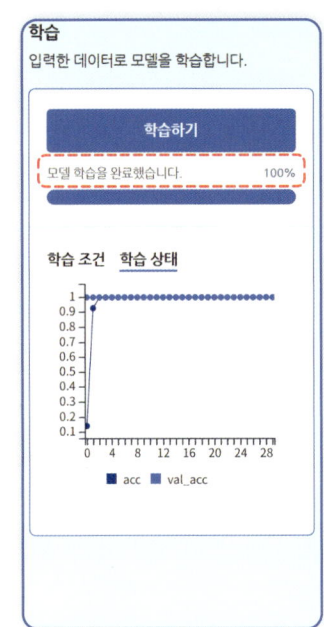

❶ `모델 학습을 완료했습니다.`를 클릭한 뒤, `학습 조건` ↔ `학습 상태` 버튼으로 학습 조건과 학습 상태를 확인합니다.

❷ ❷의 모델 학습 과정에서 사용하지 않은 테스트 데이터(❿번)를 준비합니다. [결과] - `촬영`을 선택한 뒤 카메라에 테스트 데이터를 비추어 입력합니다.

### 분류 결과 확인하기

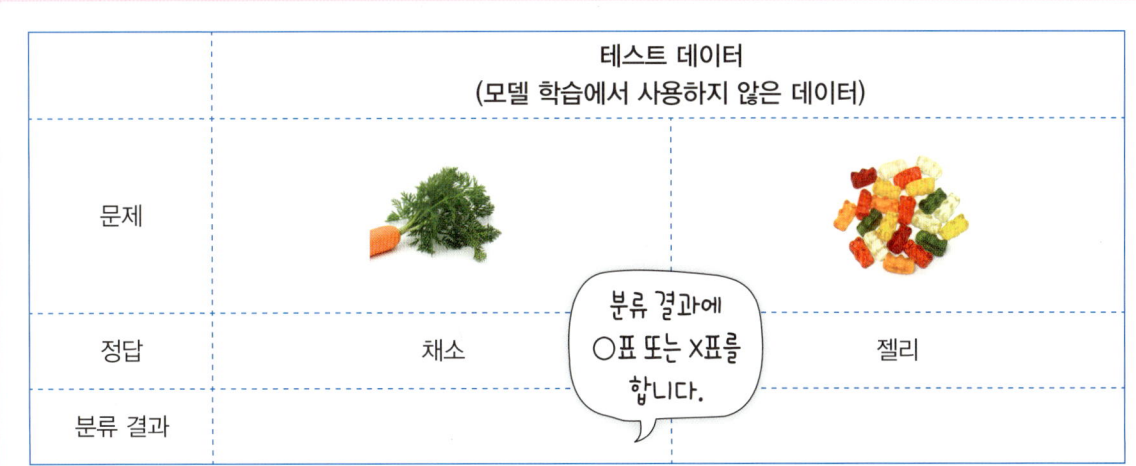

❸ 학습 모델이 새로운 데이터를 정확히 분류한다면 `적용하기`를 눌러 모델을 저장하고, 그렇지 않다면 ❷의 과정으로 돌아가서 충분한 데이터로 학습을 반복합니다.

# 너를 위해 만들었어!

인공지능 모델을 활용하여 문제 해결을 위한 나만의 프로젝트를 만들어 봅시다.

## 1 해결 방법 생각하기

프로그램을 만들기 전에 해결 과정을 순서대로 나열합니다.

카메라로 채소나 젤리 이미지 인식하기 → 분류 결과 말하기

## 2 화면 구성하기

오브젝트를 추가하여 화면을 구성합니다.

## 3 코드 작성하기

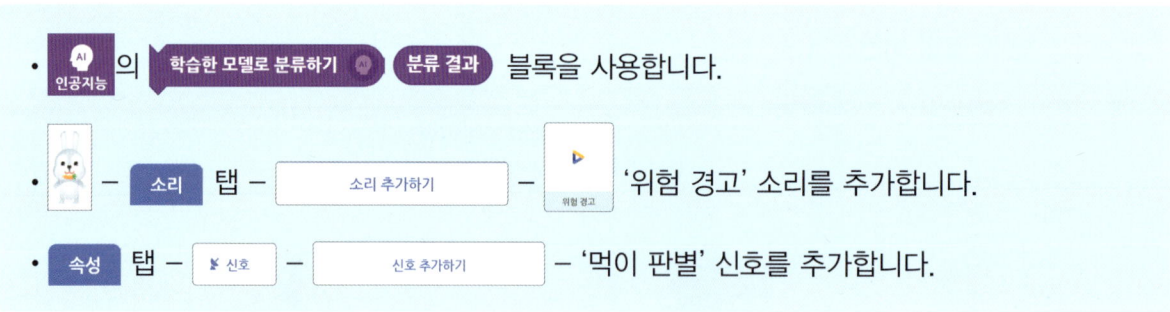

① 인식창에 입력된 데이터를 판별한 뒤, '먹이 판별' 신호를 보냅니다.

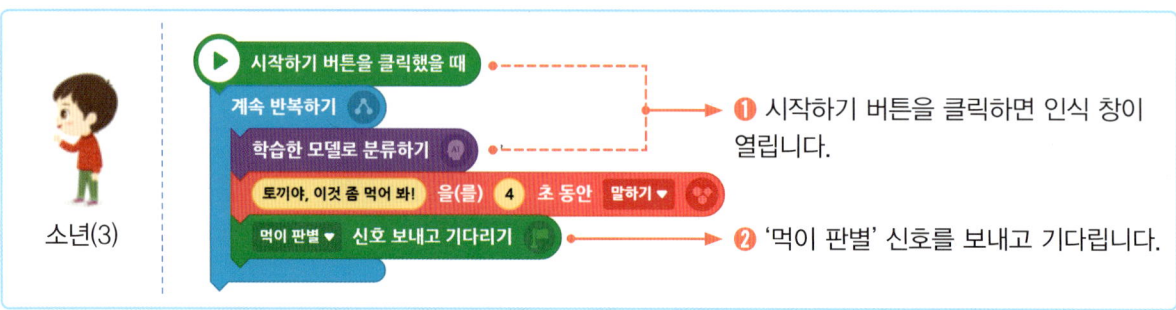

❶ 시작하기 버튼을 클릭하면 인식 창이 열립니다.

❷ '먹이 판별' 신호를 보내고 기다립니다.

② '먹이 판별' 신호를 받으면 분류한 결과를 말합니다.

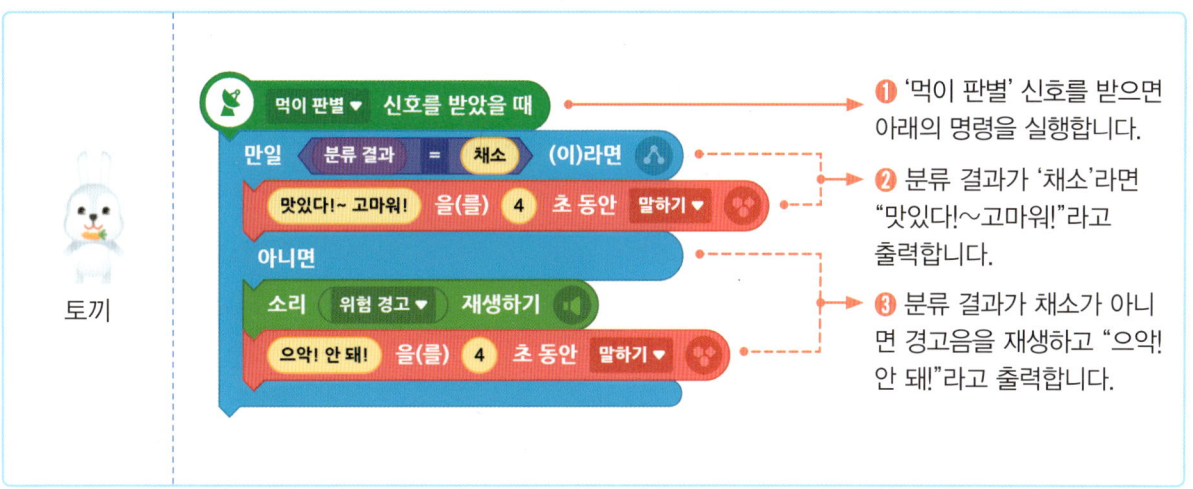

❶ '먹이 판별' 신호를 받으면 아래의 명령을 실행합니다.

❷ 분류 결과가 '채소'라면 "맛있다!~고마워!"라고 출력합니다.

❸ 분류 결과가 채소가 아니면 경고음을 재생하고 "으악! 안 돼!"라고 출력합니다.

## ④ 실행 결과 확인하기

① 시작하기 버튼을 클릭하면 카메라 인식 창이 열리는지 확인합니다.
② 분류 결과가 채소 데이터이면, "맛있다!~ 고마워!"라는 말풍선이 출력되는지 확인합니다.
③ 분류 결과가 젤리 데이터이면, '위험 경고' 소리를 내며 "으악! 안 돼!"라는 말풍선이 출력되는지 확인합니다.

훈련하거나 테스트하지 않은 데이터로 실행해 보세요.

4. 토끼야, 맛있니?

# 정리해 볼까?

**오늘 배운 내용을 되짚어 보면서 정리해 봅시다.**

◆ 지도 학습

기계를 학습시키는 방법에는 지도 학습, 비지도 학습, 강화 학습이 있습니다. 우리 교재에서는 지도 학습만 소개하고 있습니다. **지도 학습**은 문제와 정답을 기계에게 모두 알려 주고 학습시키는 방법을 말합니다. 이때 문제를 데이터, 정답을 레이블이라고 하고, 이를 합쳐 데이터셋 이라고 합니다.

| 문제(데이터) | 정답(레이블) |
|---|---|
| ① ② ③ ④ ⑤ ⑥ ⑦ ⑧ ⑨ ⑩ (채소 이미지들) | 채소 |
| ① ② ③ ④ ⑤ ⑥ ⑦ ⑧ ⑨ ⑩ (젤리 이미지들) | 젤리 |

## 인공지능과 기술의 안정성

인공지능 윤리

인공지능 기술은 안정적으로 개발해야 합니다. 만약, 토끼 먹이를 판단하는 인공지능이 아래와 같이 잘못 판단한다면 토끼에게 어떤 일이 발생할지 생각해 봅시다.

> 예 초록색 젤리를 채소로 판정하여 토끼에게 먹였다면, 젤리가 토끼 목에 걸려 위급한 상황이 발생할 수 있습니다. 마찬가지로 생명을 다루는 인공지능은 안전하고 신중하게 사용해야 합니다.

지도 학습  인공지능 학습 요소 ▶ **검증 데이터**

# 5 누구의 유리 구두일까?

**학습목표** 이미지 지도 학습을 이용하여 지문으로 유리 구두의 주인을 찾는 프로그램을 만들 수 있습니다.

**활동 전 넓게 생각해 보기**

지문, 홍채, 안면 등의 개인 정보를 인공지능에서 활용하려고 할 때 생각해야 할 점은 무엇이 있을까요?

# 1 너의 이야기를 들려줄래?

유리 구두의 주인을 찾고 싶은 왕자의 고민이 도착했어요.

떨어진 유리 구두 한 짝에 희미하게 묻은 지문만이 유일한 흔적이에요.
명탐정은 유리 구두에 묻은 지문으로 주인을 찾을 수 있을까요?

**프로젝트 미리 보기** 유리 구두에 묻은 지문을 입력해서 구두의 주인을 찾습니다.

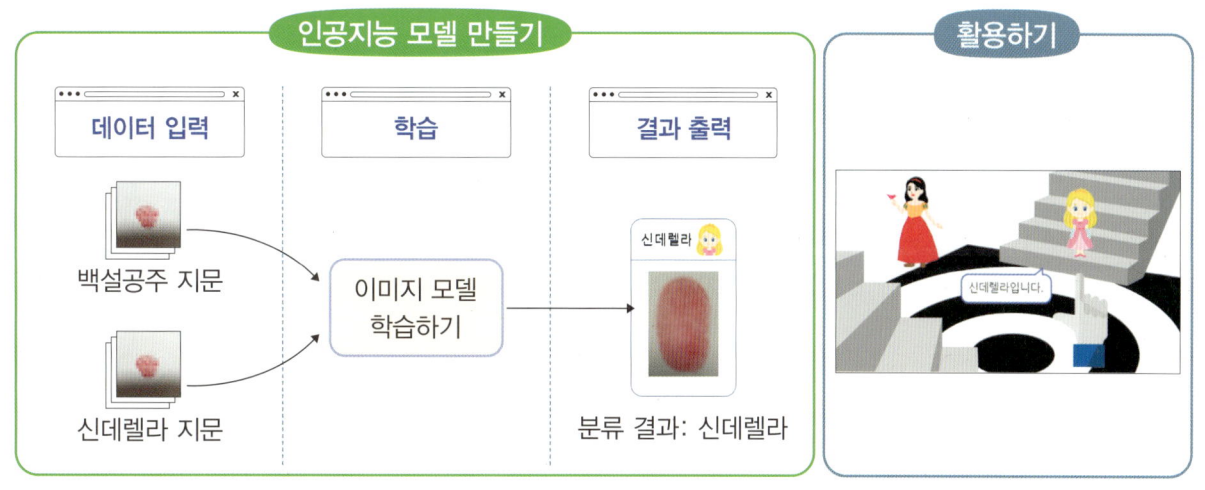

# 무엇으로 어떻게 해결할까?

인공지능을 이용한 문제 해결 방법을 알아봅시다.

## 1 무엇이 필요할까?

컴퓨터는 데이터로 배웁니다. 컴퓨터가 배워야 할 데이터의 유형이 무엇인지 찾아봅시다.

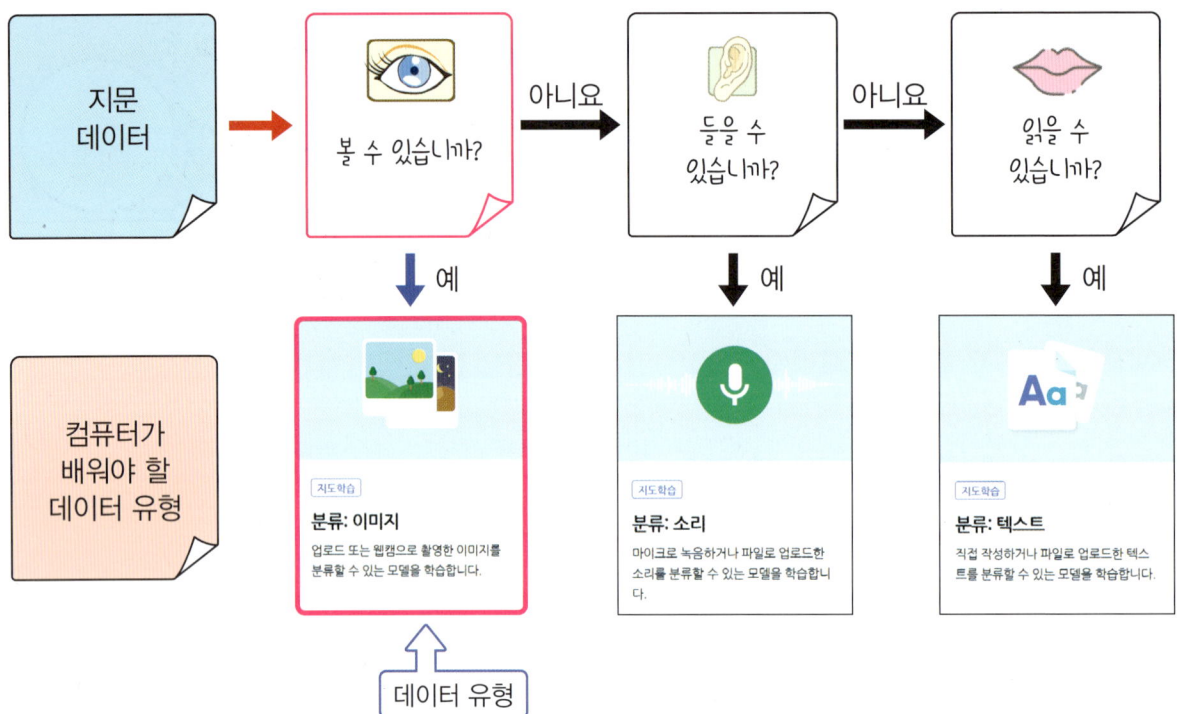

## 2 어떻게 해결할까?

사람과 인공지능이 유리 구두의 지문이 누구의 것인지 구분하는 방법을 비교해 봅시다.

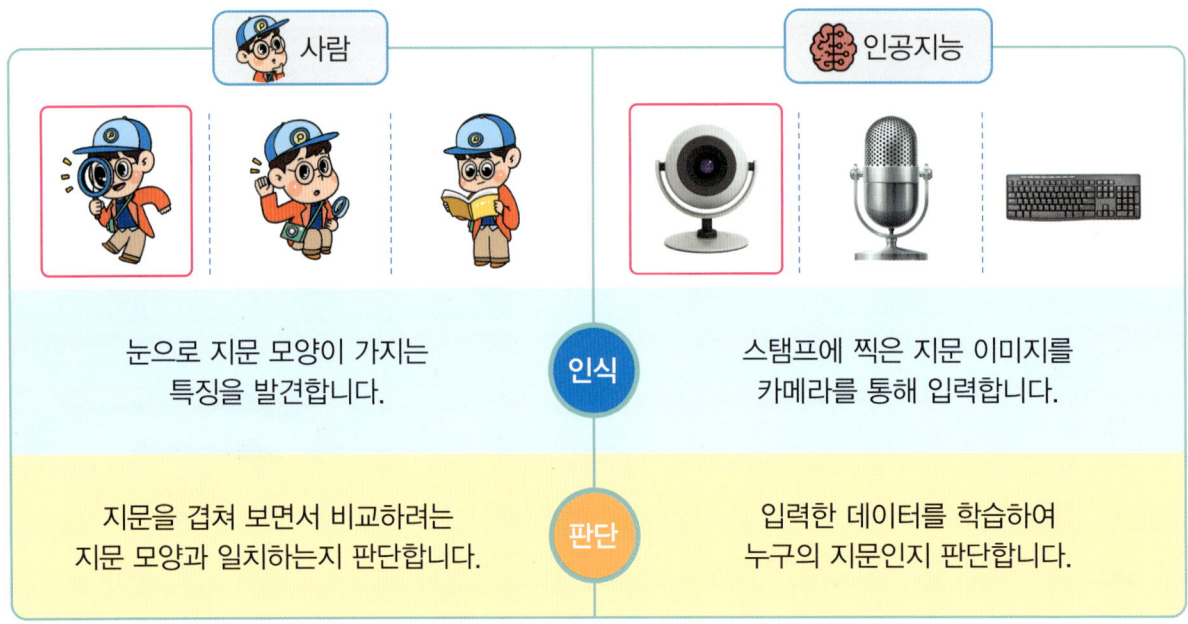

# 똑똑해져라, 인공지능!

컴퓨터가 데이터를 통해 스스로 규칙을 발견할 수 있도록 모델 학습을 시작해 봅시다.

### 1 데이터를 수집하고 분류해요

문제 해결에 필요한 데이터의 유형을 정한 뒤, 분류하려는 데이터를 클래스로 나눠 수집합니다.

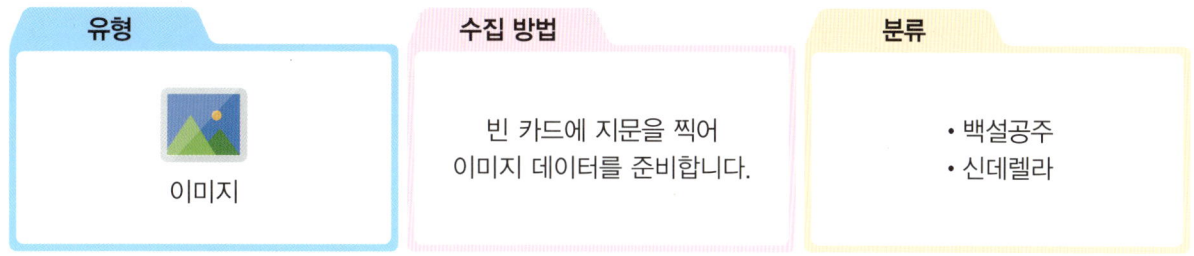

◎ 빈 데이터 카드에 각각 다른 사람의 지문을 찍어 준비합니다.

**준비물**
빈 데이터 카드 20장, 인주

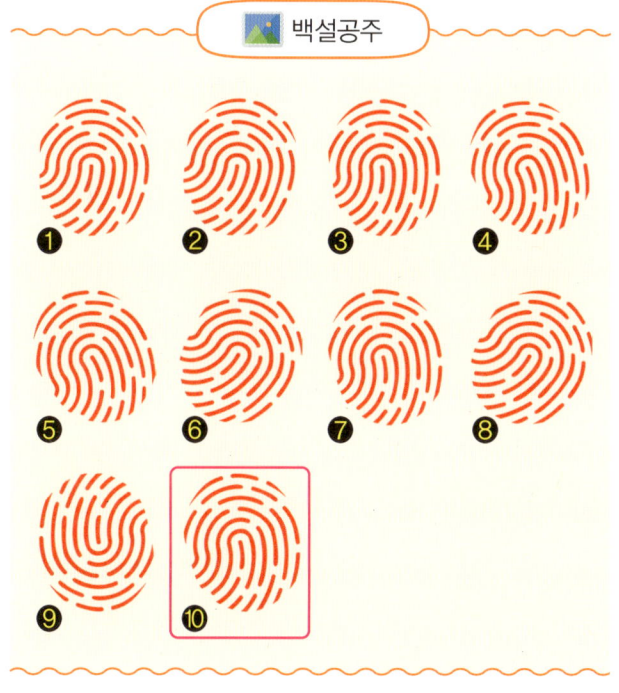

❶~❾번: 훈련 데이터, ❿번: 테스트 데이터

나는 '백설공주', 친구는 '신데렐라'로 역할을 정한 뒤, 엄지 손가락의 지문을 찍어서 활동해 보세요.

## 2 모델 학습을 해요

문제와 정답으로 구분한 훈련 데이터를 입력하여 모델 학습을 합니다.

### 훈련 데이터 입력하기

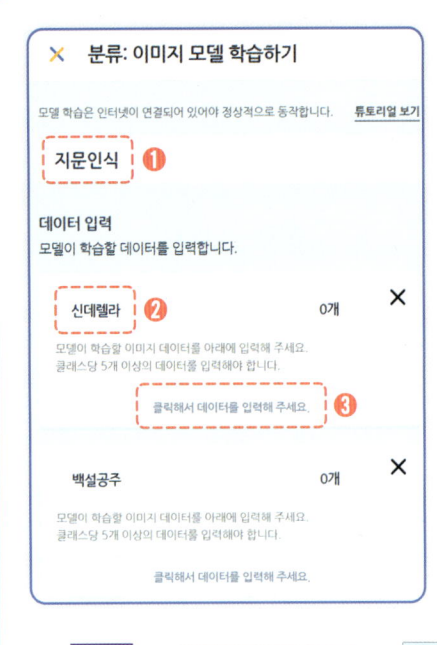
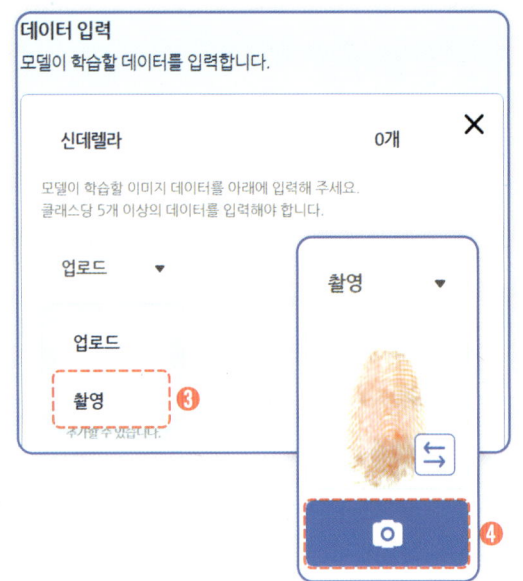

❶ [AI 인공지능] ― 인공지능 모델 학습하기 ― (분류: 이미지)를 선택하고 모델의 이름을 '지문인식'으로 입력합니다.

❷ 컴퓨터가 출력해야 할 정답(클래스)을 각각 '신데렐라'와 '백설공주'로 입력합니다.

❸ `클릭해서 데이터를 입력해 주세요.` 를 클릭한 뒤, 데이터 입력 방식을 '촬영'으로 선택합니다.

❹ 컴퓨터가 학습할 문제 이미지(❶~❾번)를 카메라로 촬영하여 입력합니다.

### 모델 학습하기

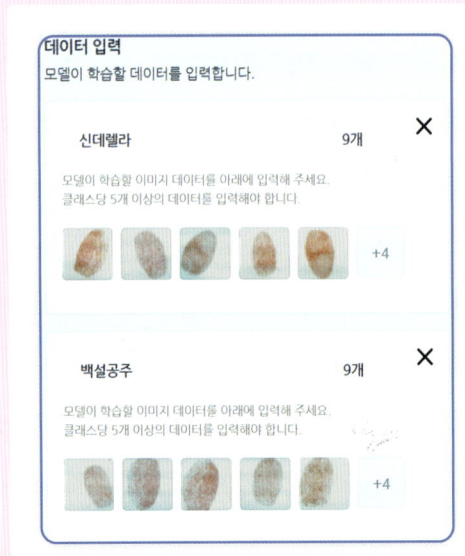
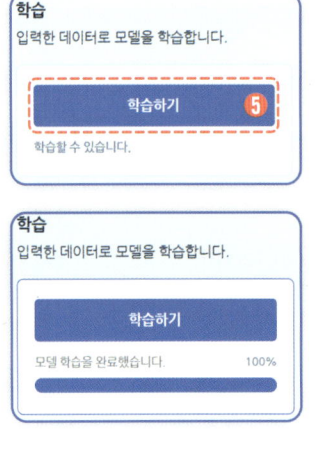

모델 학습이 완료되면 '모델 학습을 완료했습니다.' 로 바뀝니다.

❺ 각 클래스에 입력한 데이터를 이용하여 모델을 학습시킵니다.

## ❸ 모델의 성능을 평가해요

학습을 완료한 모델이 입력한 데이터를 정확하게 분류하는지 결과를 확인합니다.

### 테스트 데이터 입력하기

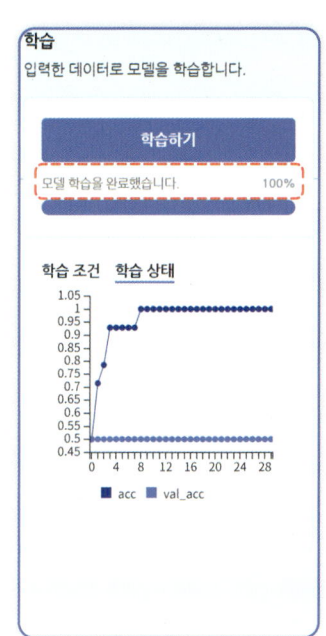
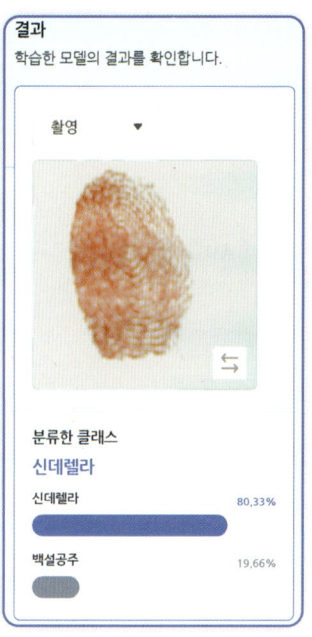
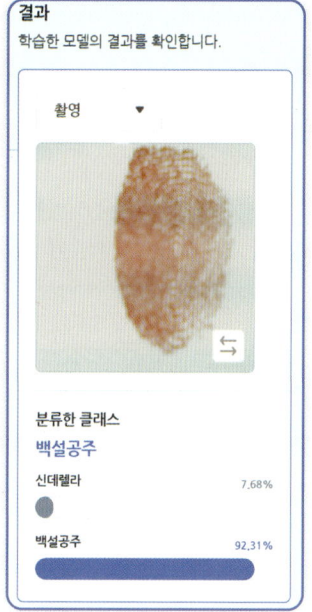

❶ `모델 학습을 완료했습니다.`를 클릭한 뒤, `학습 조건` ↔ `학습 상태` 버튼으로 학습 조건과 학습 상태를 확인합니다.

❷ ❷의 모델 학습 과정에서 사용하지 않은 테스트 데이터(❿번)를 준비합니다. 결과 - `촬영` 을 선택한 뒤 카메라에 테스트 데이터를 비추어 입력합니다.

### 분류 결과 확인하기

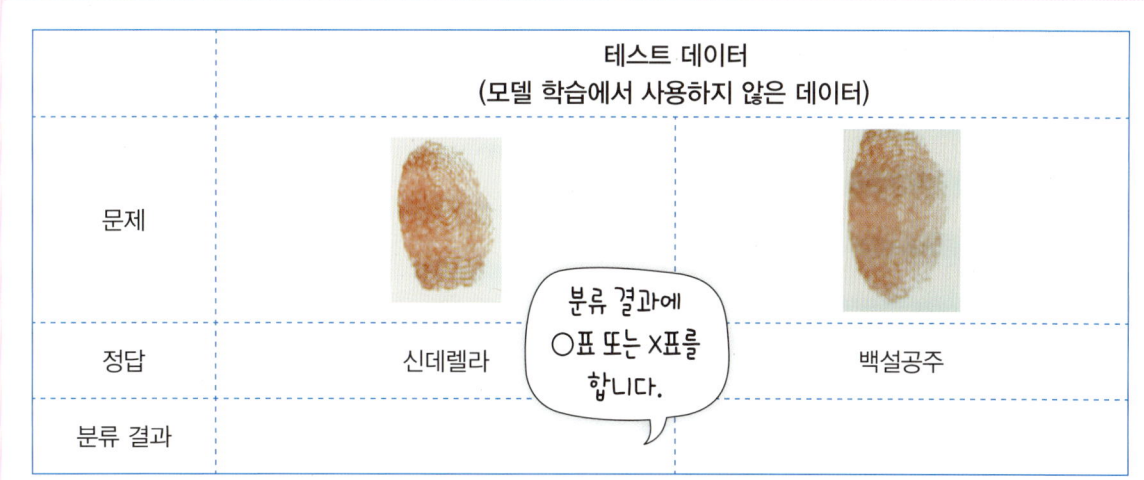

❸ 학습 모델이 새로운 데이터를 정확히 분류한다면 `적용하기` 를 눌러 모델을 저장하고, 그렇지 않다면 ❷의 과정으로 돌아가서 충분한 데이터로 학습을 반복합니다.

# 너를 위해 만들었어!

인공지능 모델을 활용하여 문제 해결을 위한 나만의 프로젝트를 만들어 봅시다.

## 1 해결 방법 생각하기

프로그램을 만들기 전에 해결 과정을 순서대로 나열합니다.

| 손가락 총을 클릭하여 지문 이미지 인식 시작하기 |  | 분류 결과 주인공 말하기 |

## 2 화면 구성하기

오브젝트를 추가하여 화면을 구성합니다.

오브젝트의 이름을 바꿔 주세요.
새하얀 공주 → 백설공주,
공주 → 신데렐라

## 3 코드 작성하기

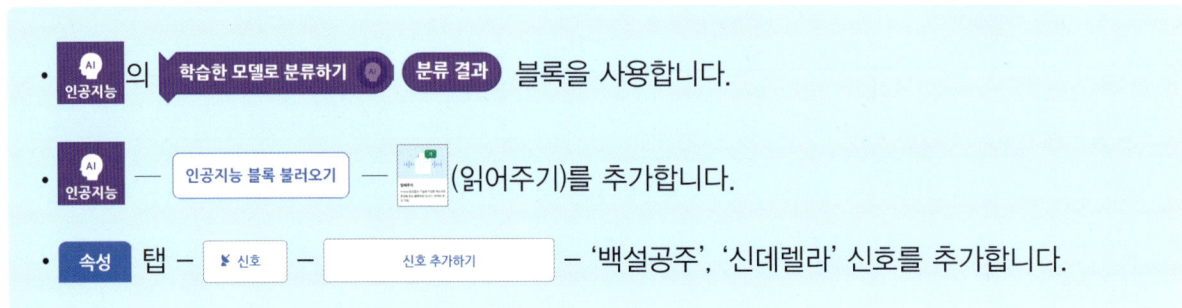

① 손가락 총(2)을 클릭하면 카메라 인식 창이 열리고, 분류 결과에 해당하는 오브젝트를 가리킵니다.

손가락 총(2)

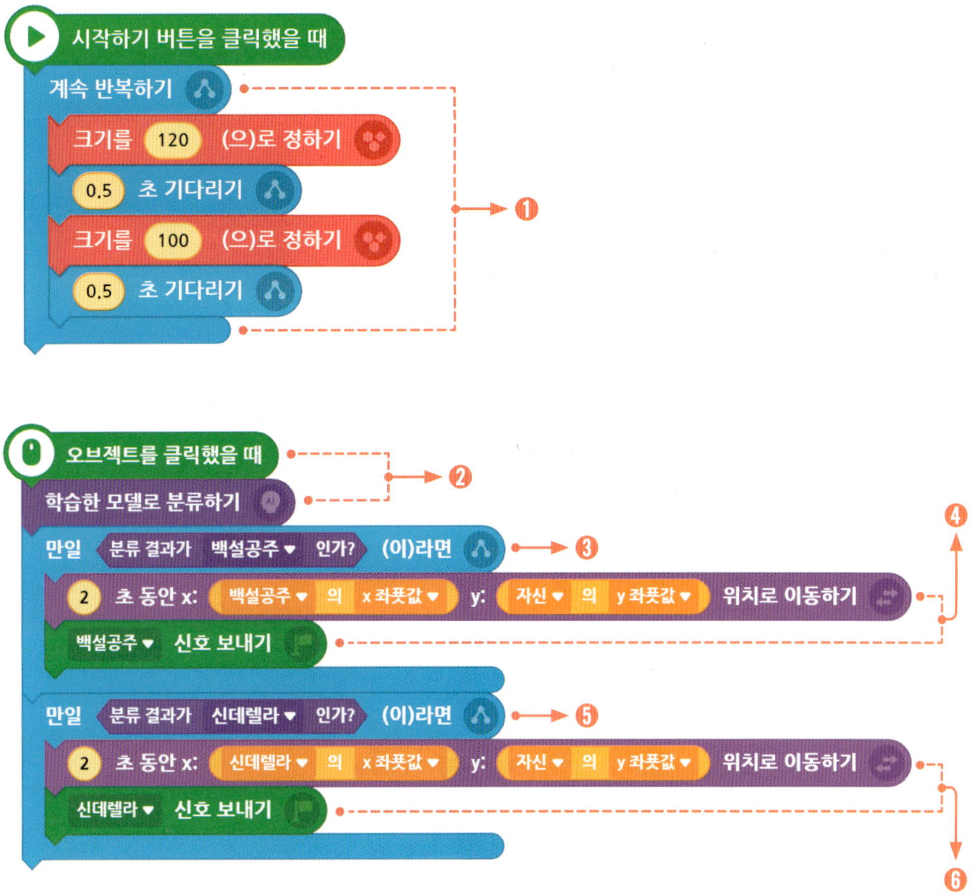

```
시작하기 버튼을 클릭했을 때
계속 반복하기
    크기를 120 (으)로 정하기
    0.5 초 기다리기
    크기를 100 (으)로 정하기
    0.5 초 기다리기
```
➊

```
오브젝트를 클릭했을 때           ➋
학습한 모델로 분류하기
만일  분류 결과가 백설공주▼ 인가? (이)라면    ➌     ➍
    2 초 동안 x: 백설공주▼ 의 x좌푯값▼ y: 자신▼ 의 y좌푯값▼ 위치로 이동하기
    백설공주▼ 신호 보내기
만일  분류 결과가 신데렐라▼ 인가? (이)라면    ➎
    2 초 동안 x: 신데렐라▼ 의 x좌푯값▼ y: 자신▼ 의 y좌푯값▼ 위치로 이동하기
    신데렐라▼ 신호 보내기                              ➏
```

➊ 시작하기 버튼을 클릭하면 오브젝트가 커졌다 작아졌다 계속 반복합니다.
➋ 손가락 총(2)을 클릭하면 인식 창이 열립니다.
➌ 분류 결과가 '백설공주'이면 안쪽 블록을 실행합니다.
➍ 백설공주가 있는 쪽으로 2초 동안 움직이고, '백설공주' 신호를 보냅니다.
➎ 분류 결과가 '신데렐라'이면 안쪽 블록을 실행합니다.
➏ 신데렐라가 있는 쪽으로 2초 동안 움직이고, '신데렐라' 신호를 보냅니다.

자신▼ 의 x좌푯값▼ 블록은 계산 카테고리에서 찾을 수 있어요.
▼을 클릭해서 원하는 대상으로 변경하세요.

5. 누구의 유리 구두일까? 75

② 분류 결과 주인공이 자신의 이름을 말합니다.

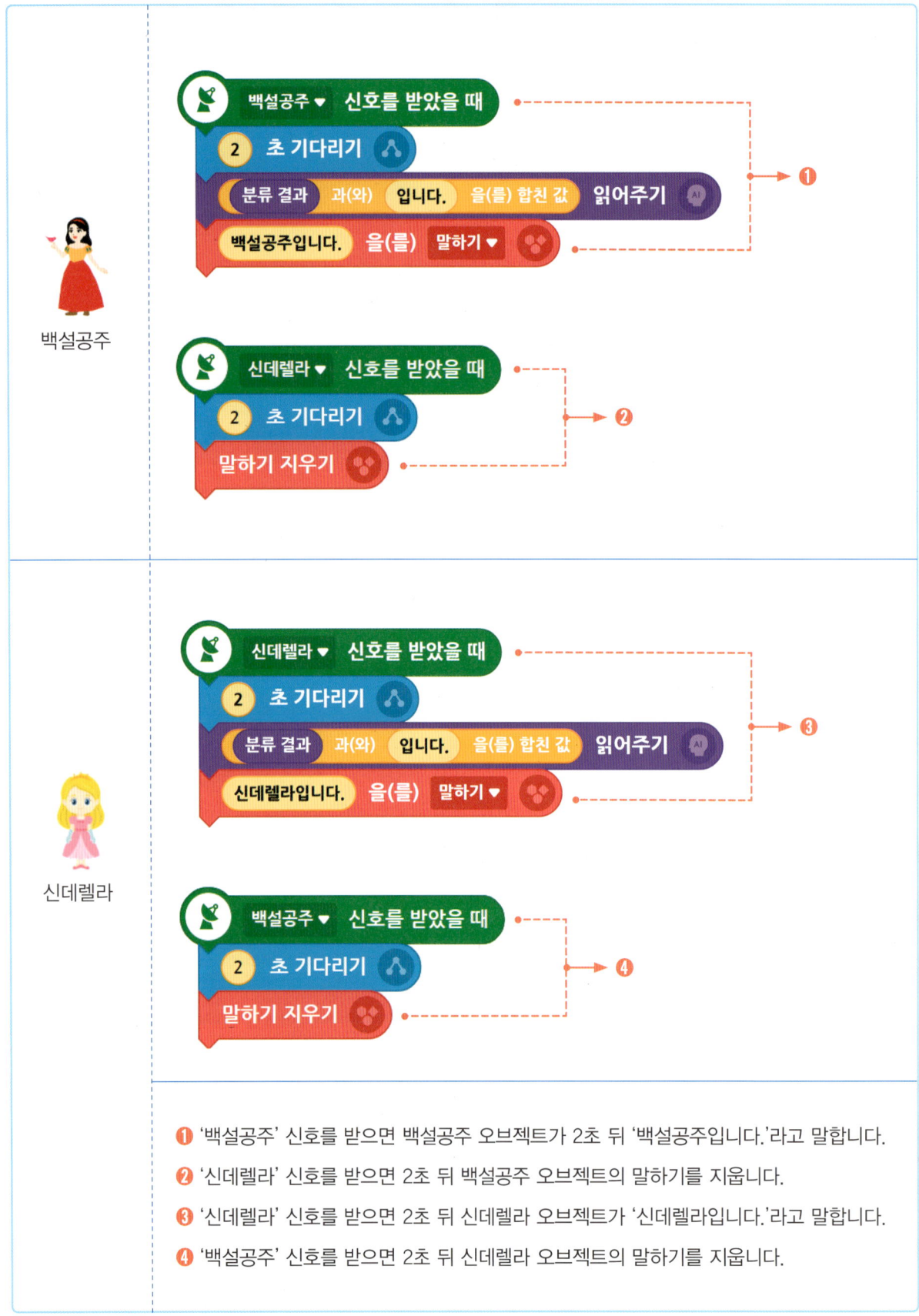

① '백설공주' 신호를 받으면 백설공주 오브젝트가 2초 뒤 '백설공주입니다.'라고 말합니다.
② '신데렐라' 신호를 받으면 2초 뒤 백설공주 오브젝트의 말하기를 지웁니다.
③ '신데렐라' 신호를 받으면 2초 뒤 신데렐라 오브젝트가 '신데렐라입니다.'라고 말합니다.
④ '백설공주' 신호를 받으면 2초 뒤 신데렐라 오브젝트의 말하기를 지웁니다.

## 4 실행 결과 확인하기

① 손가락 총(2)을 클릭했을 때 카메라 인식 창이 열리는지 확인합니다.
② 분류 결과에 따라 손가락 총(2)이 입력한 지문의 주인 위치를 가리키는지 확인합니다.
③ 손가락 총(2)이 가리킨 오브젝트가 자신의 이름을 말하는지 확인합니다.

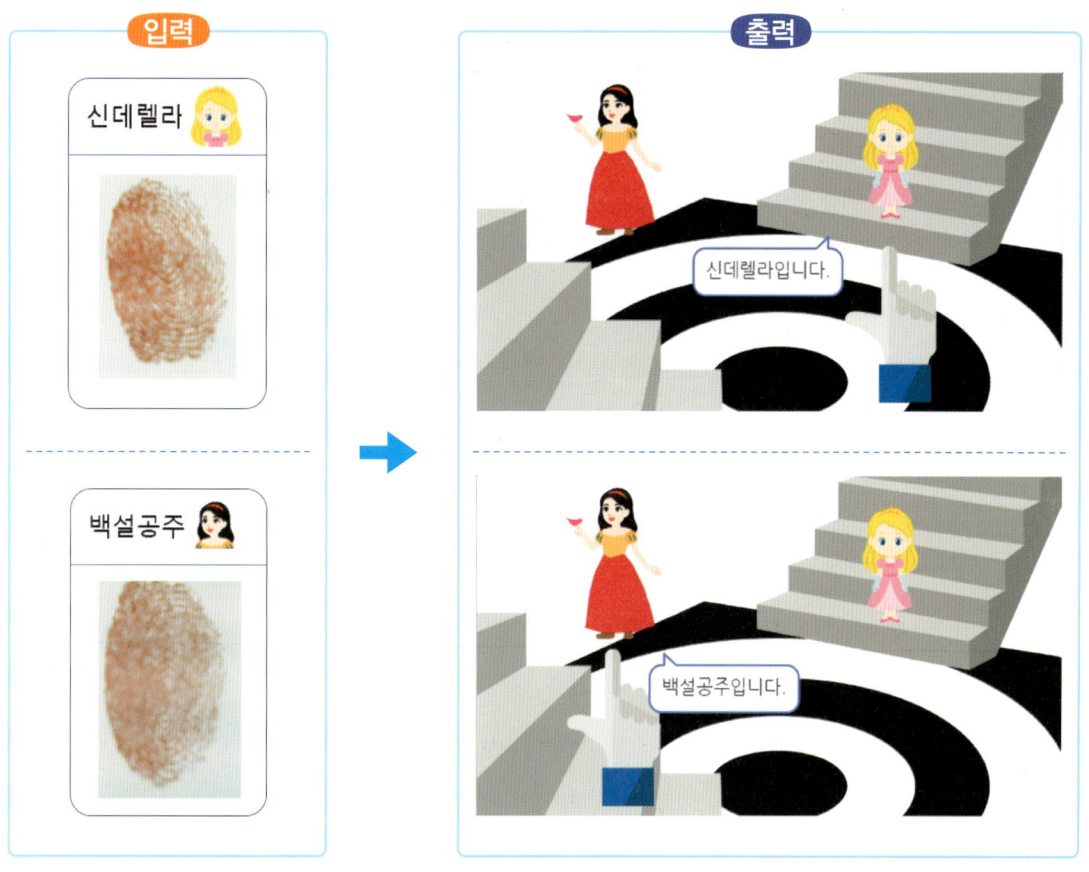

손가락에 인주를 묻힌 다음, 빈 데이터 카드에
지문을 찍을 때 너무 꾹 누르지 않고 살짝 찍도록 합니다.
물기가 너무 많은 스탬프로 찍으면
지문 인식이 어려워요.

5. 누구의 유리 구두일까? **77**

# 정리해 볼까?

**오늘 배운 내용을 되짚어 보면서 정리해 봅시다.**

◆ 검증 데이터

앞에서 컴퓨터 카메라로 입력받은 지문 데이터를 학습시켰더니 나중에는 처음 보는 지문 데이터를 보고도 정확히 누구의 지문인지 인식하여 결과를 알려 주었습니다.
이처럼 인공지능 모델이 처음 인식하는 데이터들도 잘 구분할 수 있었던 비결은 무엇이었을까요?

이 활동에서 학습을 위해 입력한 ❶~❾번 훈련 데이터는 학교 시험을 대비하기 위해 공부할 정답이 표시된 예상 문제집이라고 볼 수 있습니다.
이때, 예상 문제집으로 학습을 하는 동안 일부 문제는 풀지 않고 따로 떼어 둡니다. 왜 그랬을까요? 그 이유는 내가 공부를 잘하고 있는지 확인할 목적으로 남겨 두는 것입니다.

예상 문제집을 반복해서 공부할 때마다 풀지 않고 남겨 둔 문제는 매번 랜덤으로 정하게 되는데, 이러한 문제를 '**검증 데이터**'라고 합니다.

## AI 함께 생각해 봐요!

# 인공지능과 개인 정보

인공지능 윤리

인공지능의 능력은 얼마나 많은 데이터를 활용할 수 있는가에 달려 있습니다. 국민들의 건강을 지키기 위해 지문, 홍채, 의료 정보 등과 같은 개인 정보를 이용하여 인공지능을 만든다면 어떤 문제가 생길 수 있는지 생각해 봅시다.

---

> 예) 의료계에서 인공지능은 환자들의 의료 영상 결과를 분석해서 앞으로 일어날 수 있는 질병을 예측하고 치료 계획을 세우기도 합니다. 분석 결과의 정확도도 매우 높다고 하네요.
> 인터넷과 기술의 발달로 방대한 데이터를 수집할 수 있게 되었습니다. 하지만 민감한 개인 정보는 반드시 개인의 동의를 얻어서 목적에 맞는 곳에만 사용할 수 있어야 합니다.

5. 누구의 유리 구두일까? 79

지도 학습 — 소리 | 인공지능 학습 요소 ▶ 신뢰도

# 6 말로 계산해요

**학습 목표** 소리 지도 학습을 이용하여 숫자를 말하면 계산해 주는 프로그램을 만들 수 있습니다.

### 활동 전 넓게 생각해 보기

음성 인식 챗봇과 같은 다양한 음성 인식 인공지능 서비스가 우리와 대화를 나누려면 소리를 인식하는 것 외에 또 어떤 기능이 필요할까요?

 # 너의 이야기를 들려줄래?

얼마 전 스케이트보드를 타다가 양손을 다친 태환이가 숙제를 하려고 해요.

수학 숙제를 하려고 책상 앞에 앉은 태환이는 손으로 키보드를 맘껏 두드릴 수 없어 답답한 마음이에요. 양손을 많이 사용하지 않고 간단하게 계산할 수 있는 방법은 없을까요?

**프로젝트 미리 보기** 숫자를 말하면 듣고 덧셈하여 계산 결과를 알려 줍니다.

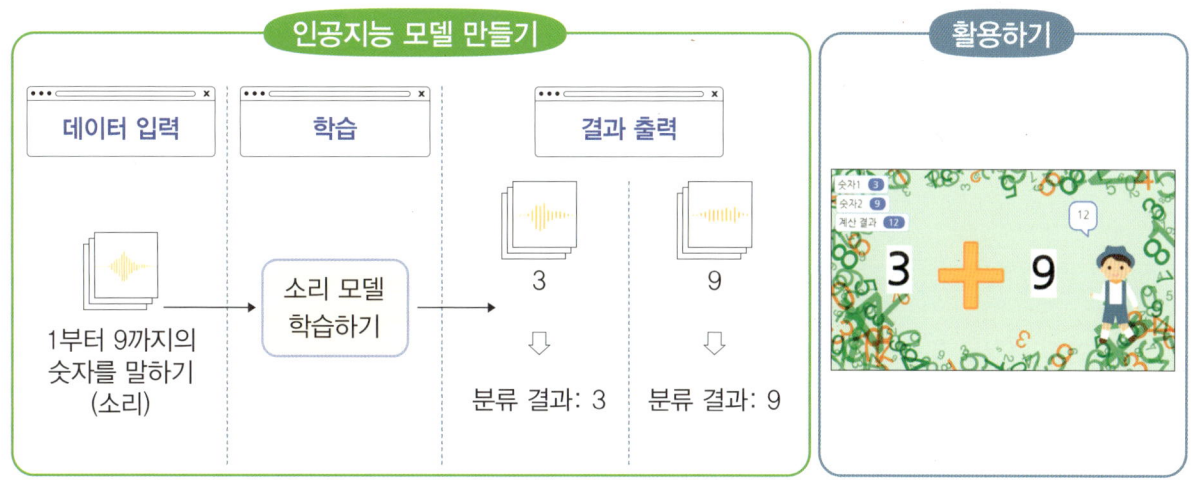

# 무엇으로 어떻게 해결할까?

인공지능을 이용한 문제 해결 방법을 알아봅시다.

## 1 무엇이 필요할까?

컴퓨터는 데이터로 배웁니다. 컴퓨터가 배워야 할 데이터의 유형이 무엇인지 찾아봅시다.

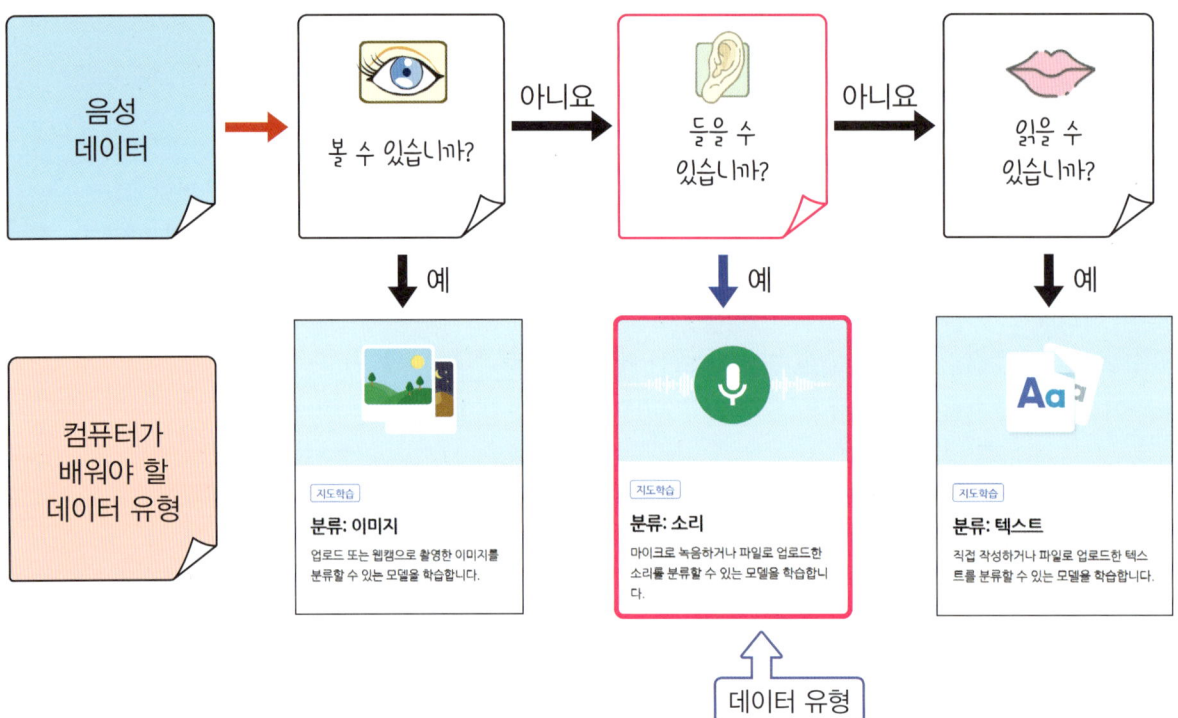

## 2 어떻게 해결할까?

사람과 인공지능이 수학 문제를 듣고 계산하는 방법을 비교해 봅시다.

# 똑똑해져라, 인공지능!

컴퓨터가 데이터를 통해 스스로 규칙을 발견할 수 있도록 모델 학습을 시작해 봅시다.

## 1 데이터를 수집하고 분류해요

문제 해결에 필요한 데이터의 유형을 정한 뒤, 분류하려는 데이터를 클래스로 나눠 수집합니다.

| 유형 | 수집 방법 | 분류 |
|---|---|---|
| 소리 | 1에서 9까지의 숫자를 녹음한 소리 데이터를 준비합니다. | 1에서 9까지의 숫자 |

◎ 숫자 음성을 직접 녹음하거나 인터넷에서 파일을 다운로드합니다.

'씨마스에듀' 사이트의 자료실에서 숫자 음성 파일을 다운로드할 수 있습니다.

🎤 숫자

| | ❶ | ❷ | ❸ | ❹ | ❺ | ❻ | ❼ | ❽ | ❾ | ❿ |
|---|---|---|---|---|---|---|---|---|---|---|
| 1 | 1_1.mp3 | 1_2.mp3 | 1_3.mp3 | 1_4.mp3 | 1_5.mp3 | 1_6.mp3 | 1_7.mp3 | 1_8.mp3 | 1_9.mp3 | 1_10.mp3 |
| 2 | 2_1.mp3 | 2_2.mp3 | 2_3.mp3 | 2_4.mp3 | 2_5.mp3 | 2_6.mp3 | 2_7.mp3 | 2_8.mp3 | 2_9.mp3 | 2_10.mp3 |
| 3 | 3_1.mp3 | 3_2.mp3 | 3_3.mp3 | 3_4.mp3 | 3_5.mp3 | 3_6.mp3 | 3_7.mp3 | 3_8.mp3 | 3_9.mp3 | 3_10.mp3 |
| 4 | 4_1.mp3 | 4_2.mp3 | 4_3.mp3 | 4_4.mp3 | 4_5.mp3 | 4_6.mp3 | 4_7.mp3 | 4_8.mp3 | 4_9.mp3 | 4_10.mp3 |
| 5 | 5_1.mp3 | 5_2.mp3 | 5_3.mp3 | 5_4.mp3 | 5_5.mp3 | 5_6.mp3 | 5_7.mp3 | 5_8.mp3 | 5_9.mp3 | 5_10.mp3 |
| 6 | 6_1.mp3 | 6_2.mp3 | 6_3.mp3 | 6_4.mp3 | 6_5.mp3 | 6_6.mp3 | 6_7.mp3 | 6_8.mp3 | 6_9.mp3 | 6_10.mp3 |
| 7 | 7_1.mp3 | 7_2.mp3 | 7_3.mp3 | 7_4.mp3 | 7_5.mp3 | 7_6.mp3 | 7_7.mp3 | 7_8.mp3 | 7_9.mp3 | 7_10.mp3 |
| 8 | 8_1.mp3 | 8_2.mp3 | 8_3.mp3 | 8_4.mp3 | 8_5.mp3 | 8_6.mp3 | 8_7.mp3 | 8_8.mp3 | 8_9.mp3 | 8_10.mp3 |
| 9 | 9_1.mp3 | 9_2.mp3 | 9_3.mp3 | 9_4.mp3 | 9_5.mp3 | 9_6.mp3 | 9_7.mp3 | 9_8.mp3 | 9_9.mp3 | 9_10.mp3 |

❶~❾번: 훈련 데이터, ❿번: 테스트 데이터

## ❷ 모델 학습을 해요

문제와 정답으로 구분한 훈련 데이터를 입력하여 모델 학습을 합니다.

### 훈련 데이터 입력하기

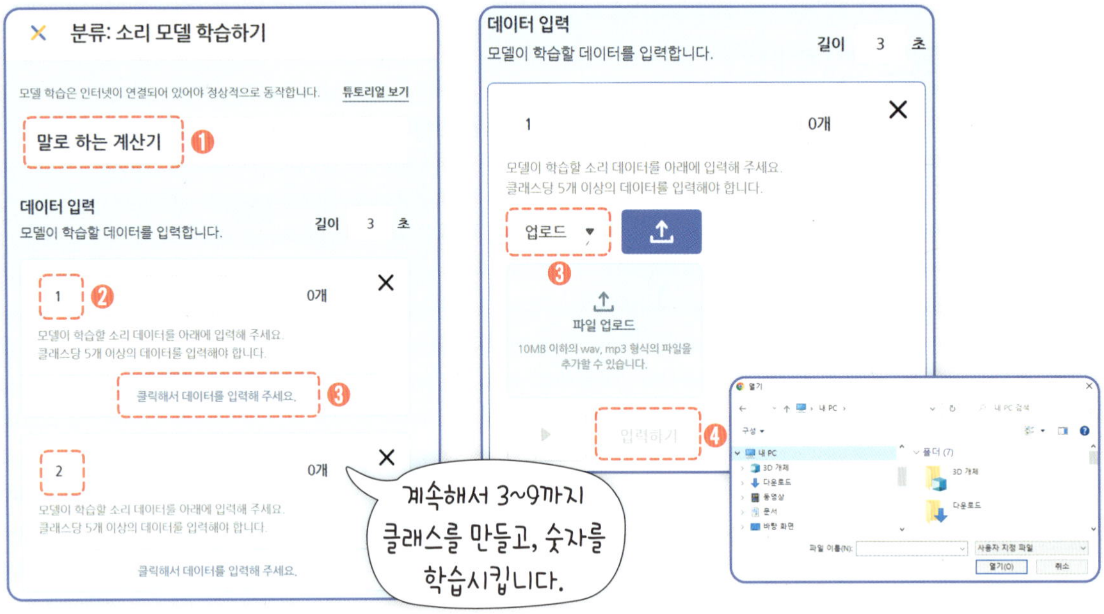

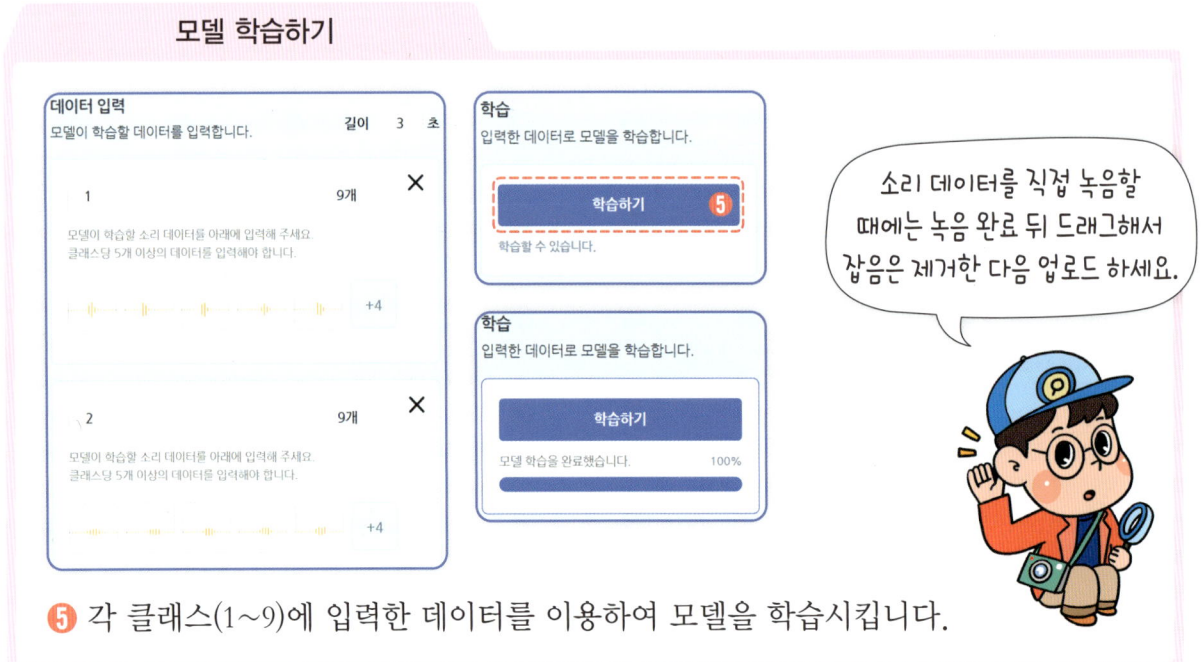

❶ [AI 인공지능] — [인공지능 모델 학습하기] — (분류: 소리)를 선택하고, 모델의 이름을 '말로 하는 계산기'로 구분하여 입력합니다.

❷ 컴퓨터가 출력해야 할 정답(클래스)을 각각 1에서 9까지의 숫자로 입력합니다.

❸ [클릭해서 데이터를 입력해 주세요.]를 클릭한 뒤, 데이터 입력 방식을 '업로드'로 선택합니다.

❹ 컴퓨터가 학습할 문제 소리(❶~❾번) 파일을 업로드하여 입력합니다.

### 모델 학습하기

❺ 각 클래스(1~9)에 입력한 데이터를 이용하여 모델을 학습시킵니다.

> 소리 데이터를 직접 녹음할 때에는 녹음 완료 뒤 드래그해서 잡음을 제거한 다음 업로드 하세요.

## ③ 모델의 성능을 평가해요

학습을 완료한 모델이 입력한 데이터를 정확하게 분류하는지 결과를 확인합니다.

### 테스트 데이터 입력하기

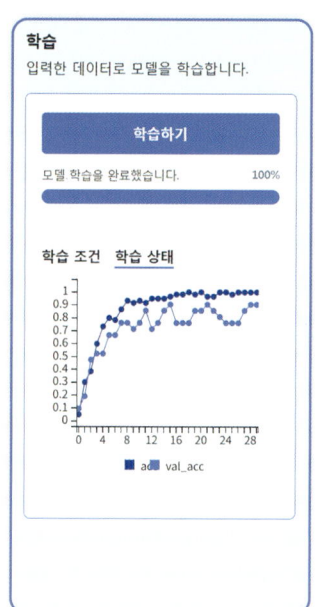 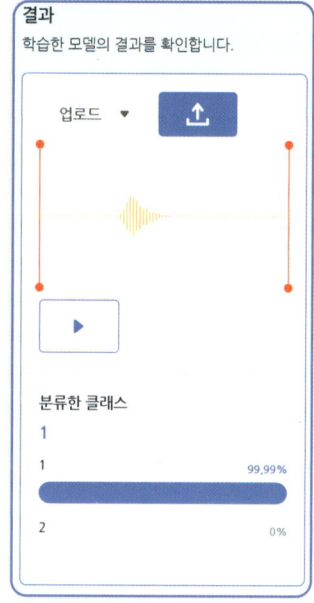 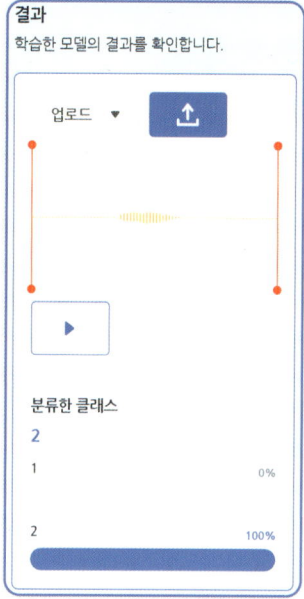

❶ 모델 학습을 완료했습니다. 를 클릭한 뒤 학습 조건 ↔ 학습 상태 버튼으로 학습 조건과 학습 상태를 확인합니다.

❷ ❷의 모델 학습 과정에서 사용하지 않은 테스트 데이터(❿번)를 준비합니다. [결과]창에서 파일을 업로드하여 입력합니다.

### 분류 결과 확인하기

> 분류 결과에 ○표 또는 ×표를 합니다.

| 테스트 데이터(모델 학습에서 사용하지 않은 데이터) ||||||||||
|---|---|---|---|---|---|---|---|---|---|
| 문제 | 1_10.mp3 | 2_10.mp3 | 3_10.mp3 | 4_10.mp3 | 5_10.mp3 | 6_10.mp3 | 7_10.mp3 | 8_10.mp3 | 9_10.mp3 |
| 정답 | 1 | 2 | 3 | 4 | 5 | 6 | 7 | 8 | 9 |
| 분류 결과 | | | | | | | | | |

❸ 학습 모델이 새로운 데이터를 정확히 판단한다면 적용하기 를 눌러 모델을 저장하고, 그렇지 않다면 ❷의 과정으로 돌아가서 충분한 데이터로 학습을 반복합니다.

> 업로드가 아닌 녹음을 선택한 뒤 기능을 활성화시킨 다음, 마이크에 소리를 인식시켜 결과를 확인할 수도 있어요.

# 4 너를 위해 만들었어!

인공지능 모델을 활용하여 문제 해결을 위한 나만의 프로젝트를 만들어 봅시다.

## 1 해결 방법 생각하기

프로그램을 만들기 전에 해결 과정을 순서대로 나열합니다.

| 첫 번째 음성과 두 번째 음성 차례대로 인식하기 |  | 첫 번째 분류 결과와 두 번째 분류 결과를 더해 결과 알려 주기 |

## 2 화면 구성하기

오브젝트를 추가하여 화면을 구성합니다.

## 3 코드 작성하기

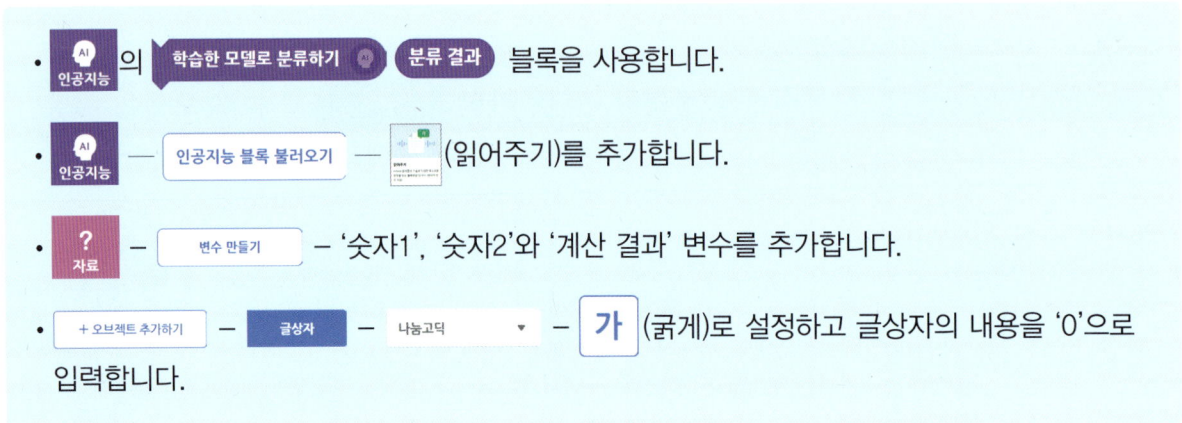

① 오브젝트를 클릭하여 소리를 인식한 뒤, 분류 결과를 덧셈하여 알려 줍니다.

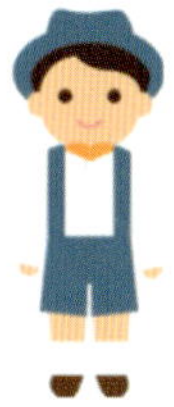

알프스 목동 (1)

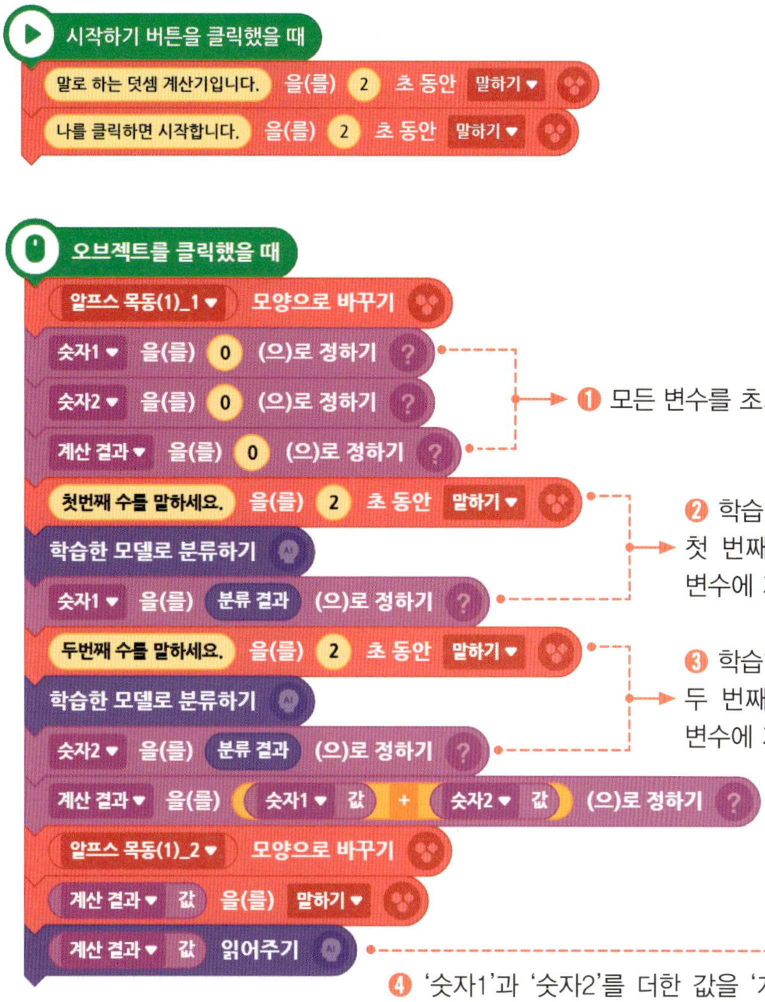


❶ 모든 변수를 초기화합니다.

❷ 학습한 모델로 분류한 첫 번째 결과를 '숫자1' 변수에 저장합니다.

❸ 학습한 모델로 분류한 두 번째 결과를 '숫자2' 변수에 저장합니다.

❹ '숫자1'과 '숫자2'를 더한 값을 '계산 결과' 변수에 저장하고, 텍스트와 음성으로 출력합니다.

② 분류 결과를 화면에 보여 줍니다.

숫자1

시작하기 버튼을 클릭하면 '숫자1' 변숫값을 반복해서 보여 줍니다.

숫자2

시작하기 버튼을 클릭하면 '숫자2' 변숫값을 반복해서 보여 줍니다.

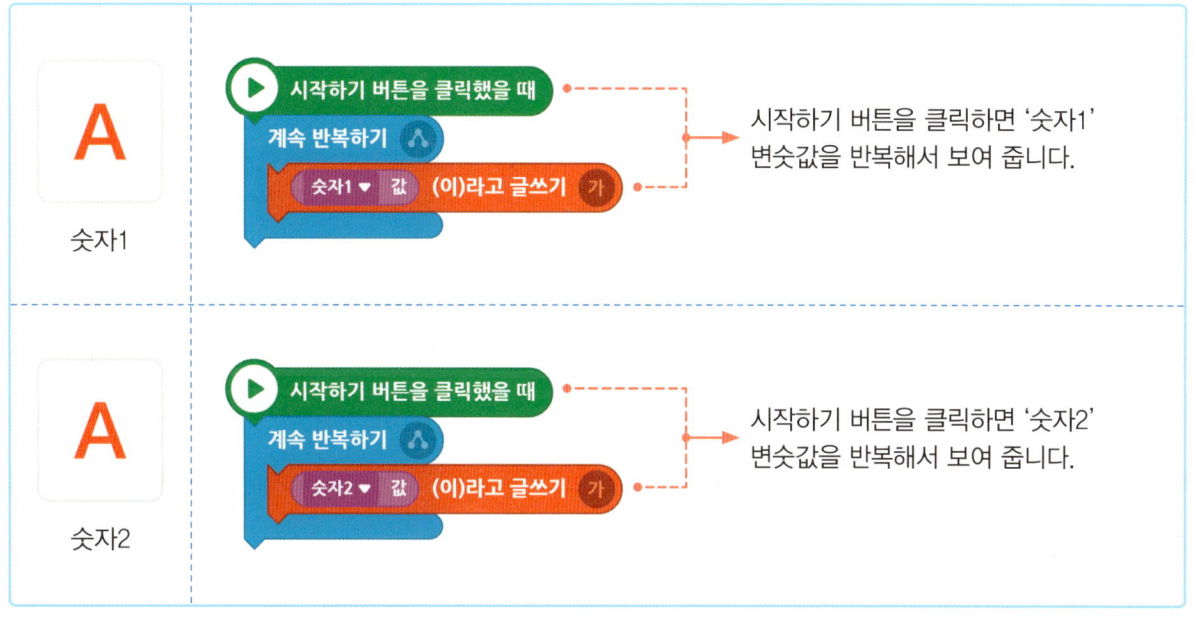

# 5 정리해 볼까?

오늘 배운 내용을 되짚어 보면서 정리해 봅시다.

◆ 신뢰도

이번 활동에서 우리는 음성 데이터를 이용한 지도 학습을 통해 인공지능 모델을 만들었습니다.
학습을 마친 후 인식 결과를 확인할 때 모델이 1에서 9까지의 숫자를 모두 잘 인식했나요? 그리고 내가 말한 것이 아닌 다른 사람이 말한 소리도 잘 인식했나요?
인공지능 모델은 내가 아닌 다른 사람의 음성을 생각했던 것보다 잘 인식하지 못할 때가 많습니다. 그리고 모델을 학습시키기 위해 음성 데이터를 녹음할 때 사용한 마이크와 테스트 데이터를 입력할 때 사용한 마이크가 달라도 잘 인식하지 못할 때가 있습니다.

엔트리에서 모델 학습을 마친 후 테스트 데이터로 인식 결과를 확인하는 화면을 함께 살펴보겠습니다. 다음 그림에서는 빨간 점선으로 표시한 부분에서 인식 결과를 살펴볼 수 있는데 퍼센트로 알려 주는 부분 즉, 여기에서 표현하는 백분율을 신뢰도라고 합니다.

여기에서는 엔트리의 기본 설정 값을 사용하지만, 실제로 인공지능을 활용할 때에는 70%의 신뢰도만으로 해당 값으로 인식할 때도 있고, 어떤 경우는 90%가 넘는 신뢰도를 얻어야 해당 값으로 인식할 때도 있습니다.

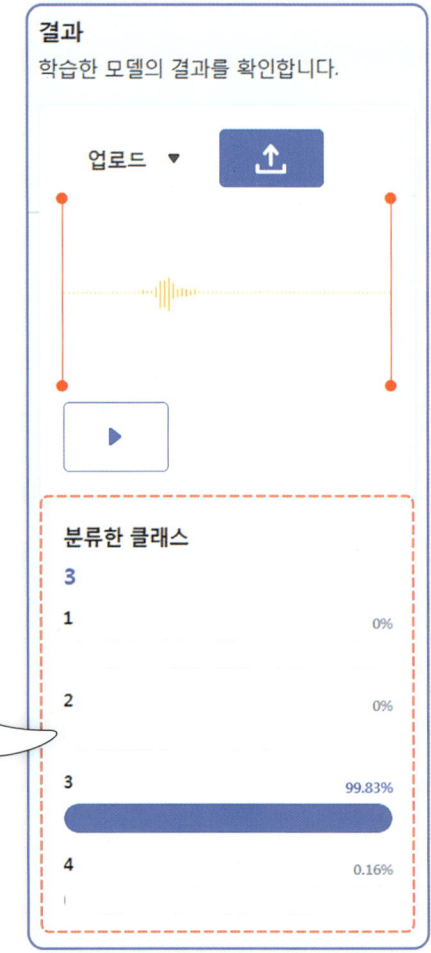

숫자 3(삼)을 말한 소리를 입력했을 때 인공지능 모델은 어떻게 인식했을까요? 결과를 보면 입력받은 음성 데이터를 3이라고 인식할 확률이 99.83%, 4라고 인식할 확률이 0.16%입니다. 다르게 표현하면 99.83%의 신뢰도로 입력받은 음성 데이터를 3으로 인식한다는 의미입니다.

## AI 함께 생각해 봐요!

## 인공지능의 활용

인공지능 윤리

우리는 이미 생활 속에서 알렉사(Alexa), 시리(Siri), 빅스비(Bixby)와 같은 음성 인식 인공지능 서비스를 유용하게 사용하고 있습니다. 내가 말하는 소리를 인식해서 음악을 찾아주거나 인터넷에서 자료를 검색하여 제공하기도 합니다. 한편 이러한 서비스는 나와 대화를 주고받을 수도 있는데, 음성으로 대화를 하려면 소리를 인식하는 것 외에 어떤 기능이 갖추어져야 할지 생각해 봅시다.

---

**예**
- 소리를 텍스트로 옮길 수 있어야 합니다. 예를 들어 '오늘 일정이 어떻게 되지?'라는 소리를 들었다면 이 소리를 텍스트로 바꿀 수 있어야 합니다.
- 텍스트의 의미를 이해할 수 있어야 합니다. 그러려면 '오늘', '일정' 등 단어의 의미를 알아야 하고 '어떻게 되지?'라는 문장이 의문문이라는 것을 기계(컴퓨터)가 알 수 있어야 합니다.
- 텍스트의 의미를 분석한 뒤에는 가지고 있는 정보를 활용하여 문장(텍스트)을 구성하고, 그 문장을 다시 소리로 바꿀 수 있어야 합니다.

 지도 학습 | 소리    인공지능 학습 요소 ▶ **소리 인식**

# 7 강아지일까, 고양이일까?

**학습목표** 소리 지도 학습을 이용하여 강아지인지 고양이인지 판단해 주는 프로그램을 만들 수 있습니다.

 **활동 전 넓게 생각해 보기**

입력된 소리가 어떤 소리인지 판단해 주는 프로그램이 있다면 생활 속에서 어떻게 활용할 수 있을까요?

# 너의 이야기를 들려줄래?

햇님이는 옆집 친구에게 떠돌이 강아지와 고양이 먹이 주기를 부탁했는데, 걱정이 돼요.

여행 가는 햇님이는 겁이 많은 옆집 친구가 동물을 직접 안 보고 문 밖으로 먹이만 내주겠다고 해서 걱정이에요. 직접 보지 않고도 강아지인지 고양이인지 잘 판단할 수는 없을까요?

**프로젝트 미리 보기** 강아지나 고양이 소리를 입력해서 강아지와 고양이를 구분합니다.

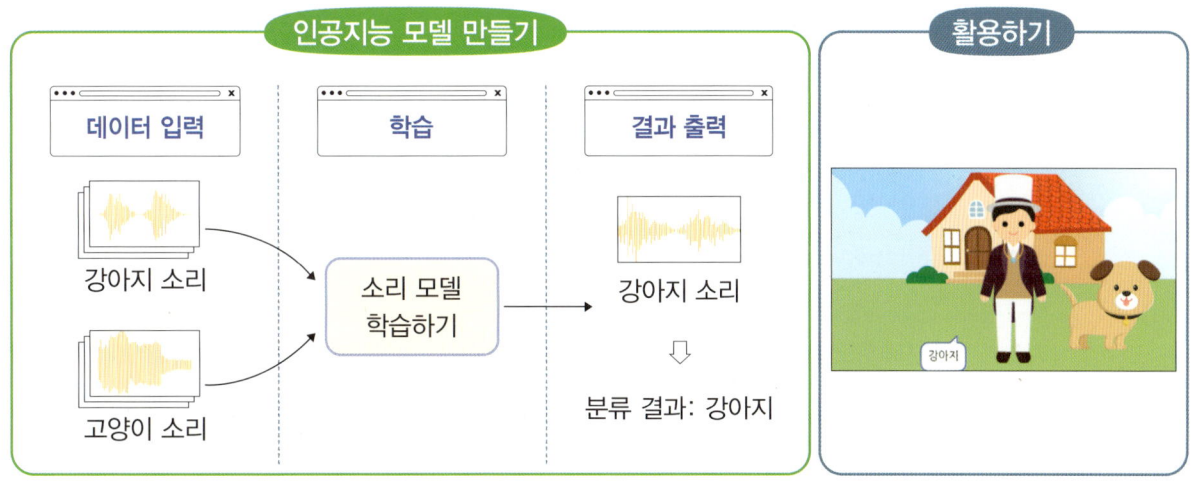

7. 강아지일까, 고양이일까? **91**

# 무엇으로 어떻게 해결할까?

**인공지능을 이용한 문제 해결 방법을 알아봅시다.**

## 1 무엇이 필요할까?

컴퓨터는 데이터로 배웁니다. 컴퓨터가 배워야 할 데이터의 유형이 무엇인지 찾아봅시다.

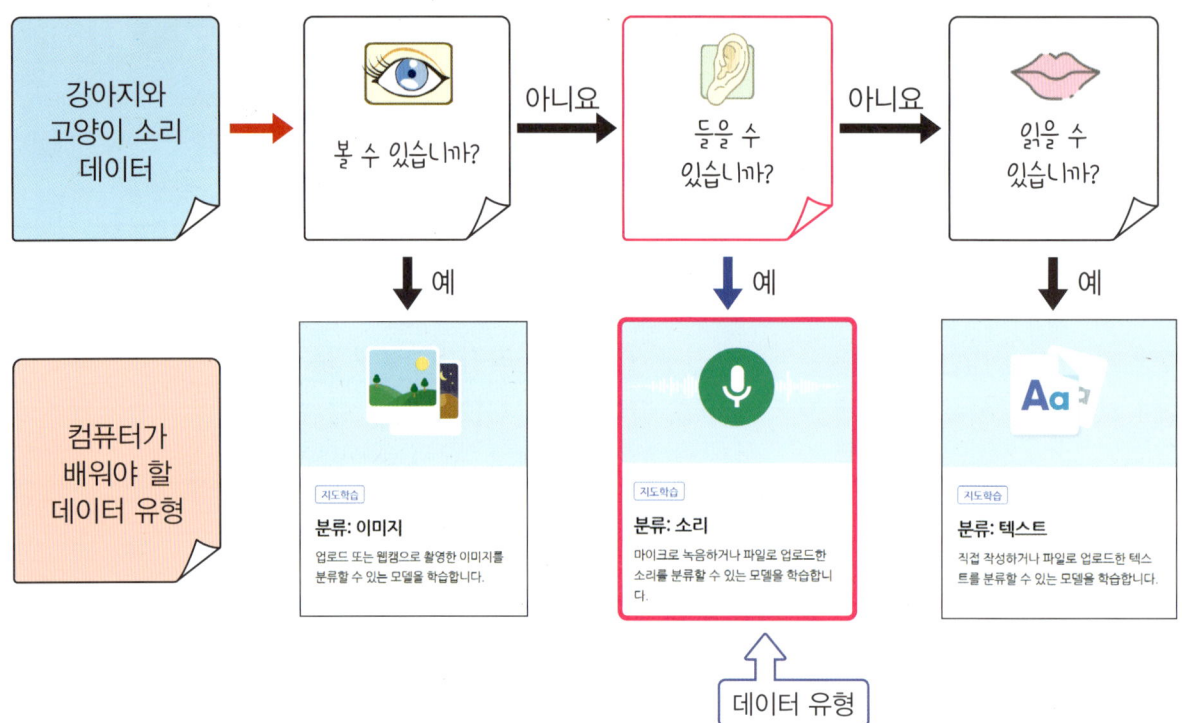

## 2 어떻게 해결할까?

사람과 인공지능이 강아지 소리와 고양이 소리를 구분하는 방법을 비교해 봅시다.

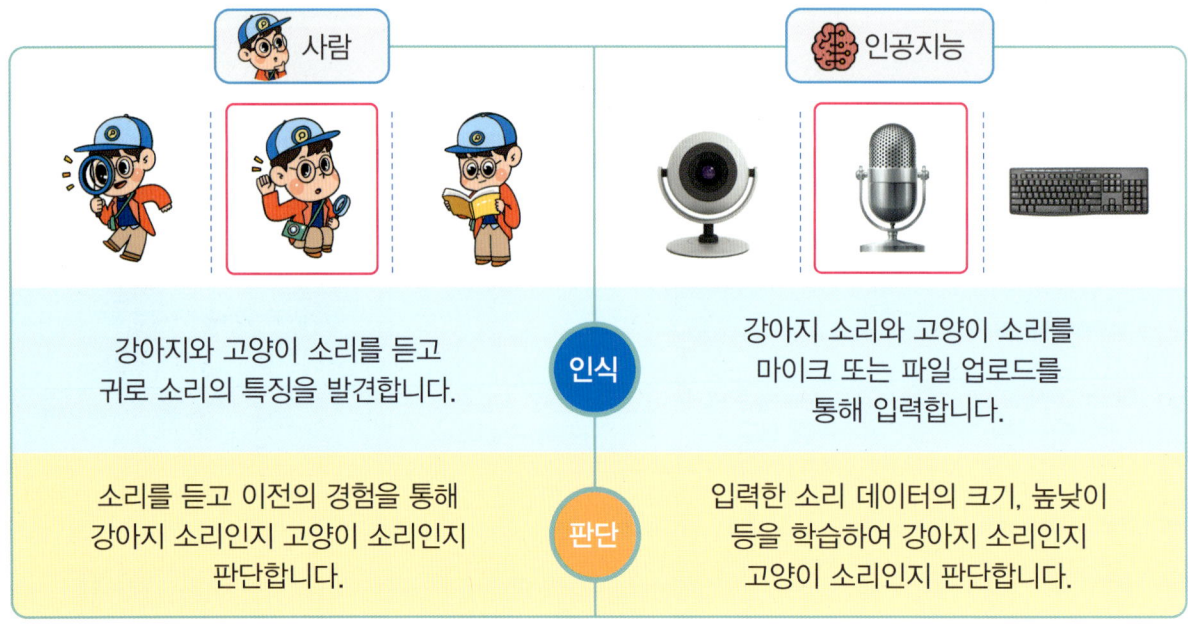

# 똑똑해져라, 인공지능!

컴퓨터가 데이터를 통해 스스로 규칙을 발견할 수 있도록 모델 학습을 시작해 봅시다.

## 1 데이터를 수집하고 분류해요

문제 해결에 필요한 데이터의 유형을 정한 뒤, 분류하려는 데이터를 클래스로 나눠 수집합니다.

| 유형 | 수집 방법 | 분류 |
|---|---|---|
| 소리 | 강아지 소리와 고양이 소리 데이터를 준비합니다. | • 강아지 소리<br>• 고양이 소리 |

◎ 강아지 소리와 고양이 소리를 직접 녹음하거나 인터넷에서 파일을 다운로드합니다.

### 🎤 강아지

| ❶ 강아지1.wav | ❷ 강아지2.wav | ❸ 강아지3.wav | ❹ 강아지4.wav | ❺ 강아지5.wav |
| ❻ 강아지6.wav | ❼ 강아지7.wav | ❽ 강아지8.wav | ❾ 강아지9.wav | ❿ 강아지10.wav |
| ⓫ 강아지11.wav | ⓬ 강아지12.wav | ⓭ 강아지13.wav | ⓮ 강아지14.wav | ⓯ 강아지15.wav |

### 🎤 고양이

| ❶ 고양이1.wav | ❷ 고양이2.wav | ❸ 고양이3.wav | ❹ 고양이4.wav | ❺ 고양이5.wav |
| ❻ 고양이6.wav | ❼ 고양이7.wav | ❽ 고양이8.wav | ❾ 고양이9.wav | ❿ 고양이10.wav |
| ⓫ 고양이11.wav | ⓬ 고양이12.wav | ⓭ 고양이13.wav | ⓮ 고양이14.wav | ⓯ 고양이15.wav |

❶~⓭번: 훈련 데이터, ⓮~⓯번: 테스트 데이터

### 여기서, 잠깐!

📥 **소리 데이터 다운로드하는 방법**

❶ 브라우저 주소 창에 https://www.kaggle.com/을 입력하여 캐글(kaggle) 사이트에 접속합니다.
❷ 상단 검색 창에 'audio cats and dogs'를 입력합니다.
❸ 강아지 소리와 고양이 소리를 찾아 다운로드하고 그중 적합한 소리 파일을 훈련 데이터와 테스트 데이터로 구분합니다.

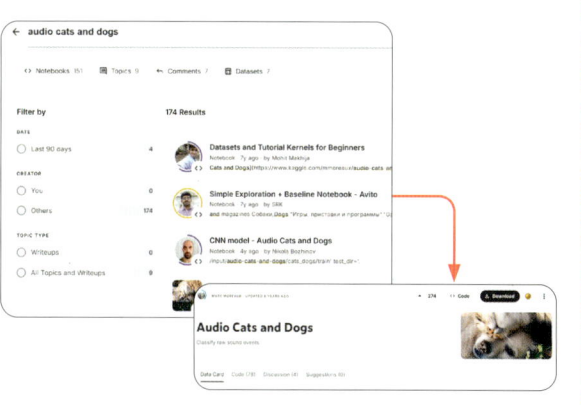

'씨마스에듀' 사이트의 자료실에서 강아지 소리와 고양이 소리 파일을 다운로드할 수 있습니다.

## ❷ 모델 학습을 해요

문제와 정답으로 구분한 훈련 데이터를 입력하여 모델 학습을 합니다.

### 훈련 데이터 입력하기

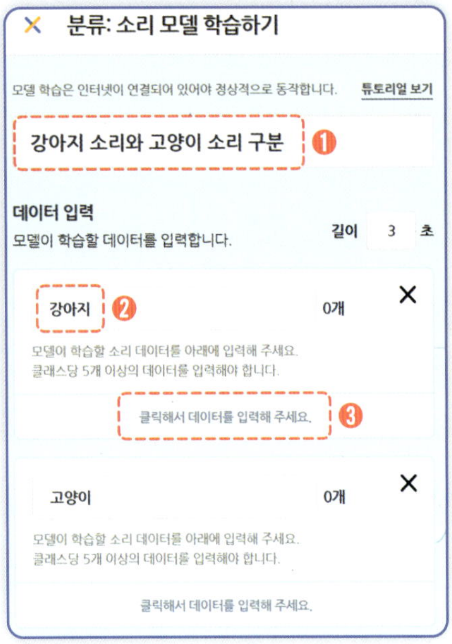

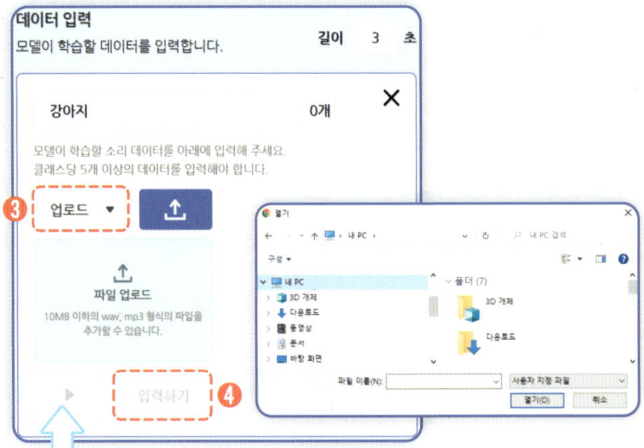

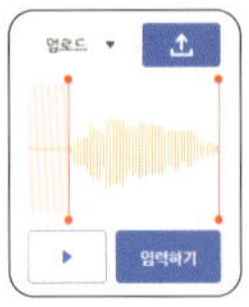

❶ [인공지능] — [인공지능 모델 학습하기] — (분류: 소리)를 선택하고, 모델 이름을 '강아지 소리와 고양이 소리 구분'으로 입력합니다.

❷ 컴퓨터가 출력해야 할 정답(클래스)을 각각 '강아지'와 '고양이'로 입력합니다.

❸ 클릭해서 데이터를 입력해 주세요. 를 클릭한 뒤, 데이터 입력 방식을 '업로드'로 선택합니다.

❹ 컴퓨터가 학습할 문제 소리(❶~⓭번) 파일을 업로드하여 입력합니다.

※ 소리 파일 업로드 시 입력하기 를 누르기 전에 ▶ 로 음성 파일 처음과 끝의 빨간색 줄을 움직여 좋은 결과를 얻기 위해 불필요한 소리를 제거하는 데이터 전처리가 필요합니다.

### 모델 학습하기

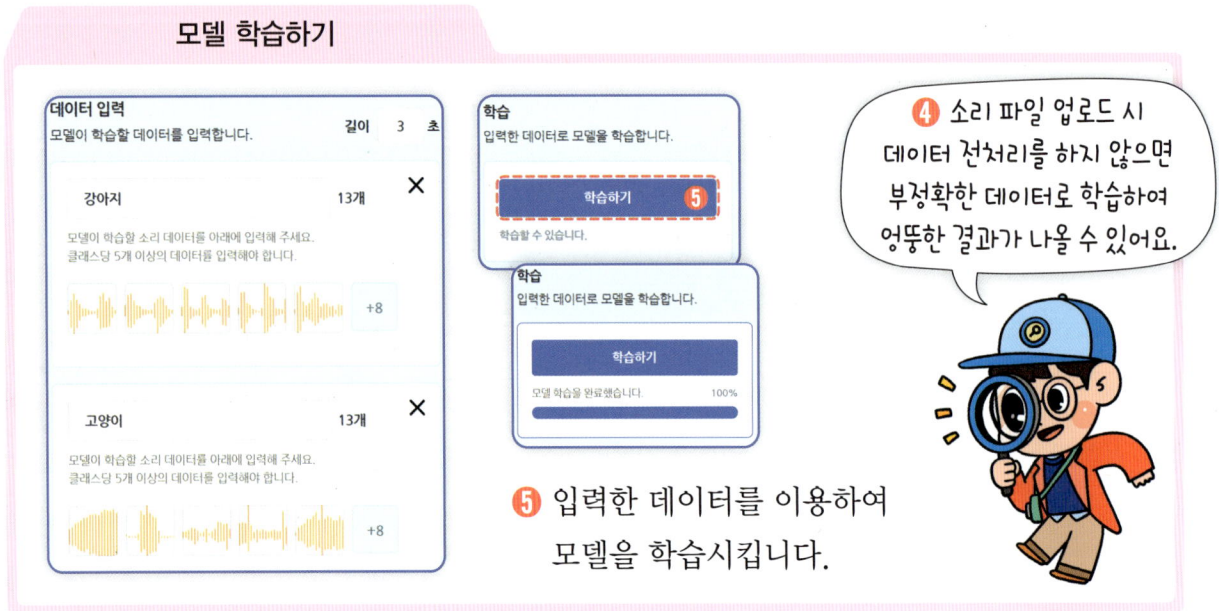

❹ 소리 파일 업로드 시 데이터 전처리를 하지 않으면 부정확한 데이터로 학습하여 엉뚱한 결과가 나올 수 있어요.

❺ 입력한 데이터를 이용하여 모델을 학습시킵니다.

## 3 모델의 성능을 평가해요

학습을 완료한 모델이 입력한 데이터를 정확하게 분류하는지 결과를 확인합니다.

### 테스트 데이터 입력하기

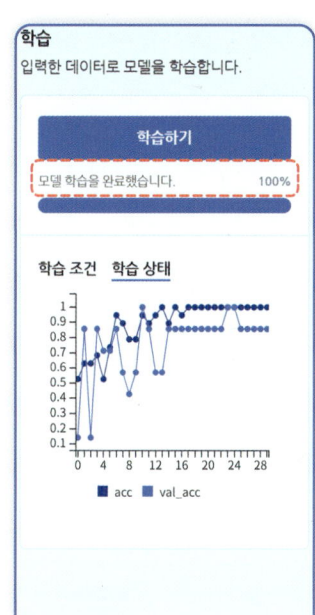 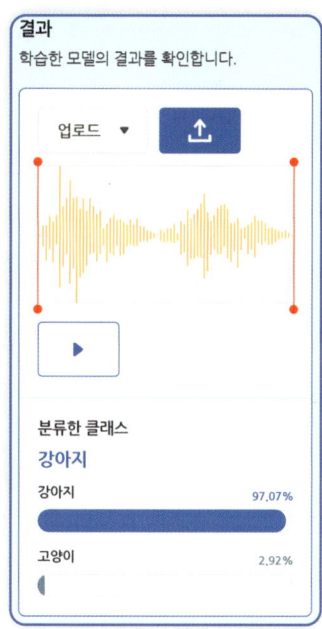 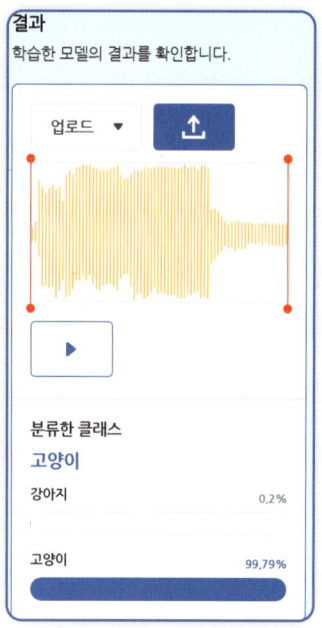

① `모델 학습을 완료했습니다.` 를 클릭한 뒤, `학습 조건` ↔ `학습 상태` 버튼으로 학습 조건과 학습 상태를 확인합니다.

② ❷의 모델 학습 과정에서 사용하지 않은 테스트 데이터(⑭~⑮번)를 준비합니다. [결과]창에서 파일을 업로드하여 입력합니다.

### 분류 결과 확인하기

> 분류 결과에 ○표 또는 ✕표를 합니다.

| 테스트 데이터<br>(모델 학습에서<br>사용하지 않은 데이터) | 문제 | 강아지14.wav | 강아지15.wav | 고양이14.wav | 고양이15.wav |
|---|---|---|---|---|---|
| | 정답 | 강아지 | 강아지 | 고양이 | 고양이 |
| 분류 결과 | | | | | |

③ 학습 모델이 새로운 데이터를 정확히 판단한다면 `적용하기` 를 눌러 모델을 저장하고, 그렇지 않다면 ❷의 과정으로 돌아가서 충분한 데이터로 학습을 반복합니다.

> 만약 차트에서 하늘색 검증 정확도가 0.5에 가깝거나 낮은 경우 `모델 학습하기` 를 다시 한 번 눌러 좋은 결과가 나올 때까지 반복하여 학습을 시켜 보세요.

# 4 너를 위해 만들었어!

인공지능 모델을 활용하여 문제 해결을 위한 나만의 프로젝트를 만들어 봅시다.

## 1 해결 방법 생각하기

프로그램을 만들기 전에 해결 과정을 순서대로 나열합니다.

| 강아지 소리 또는 고양이 소리 인식하기 | → | 인식한 소리를 분류하여 해당 오브젝트 보이기 |

## 2 화면 구성하기

오브젝트를 추가하여 화면을 구성합니다.

## 3 코드 작성하기

- 인공지능의 `학습한 모델로 분류하기`, `분류 결과`, `분류 결과가 강아지 인가?` 블록을 사용합니다.
- 인공지능 — 인공지능 모델 학습하기 — (읽어주기)를 추가합니다.
- 속성 탭 — 신호 — 신호 추가하기 — '고양이 보이기'와 '강아지 보이기' 신호를 추가합니다.

① 소리 분류 결과를 화면과 소리로 출력하며 해당 오브젝트 보이기 신호를 보냅니다.

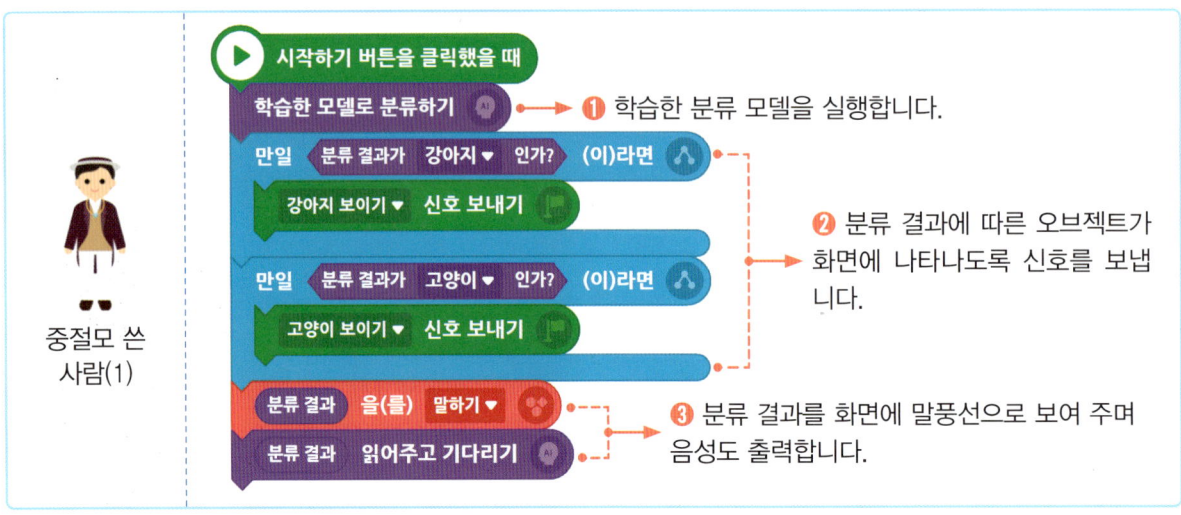

❶ 학습한 분류 모델을 실행합니다.

❷ 분류 결과에 따른 오브젝트가 화면에 나타나도록 신호를 보냅니다.

❸ 분류 결과를 화면에 말풍선으로 보여 주며 음성도 출력합니다.

② 오브젝트를 숨겼다가 강아지 보이기 또는 고양이 보이기 신호를 받으면 오브젝트를 보입니다.

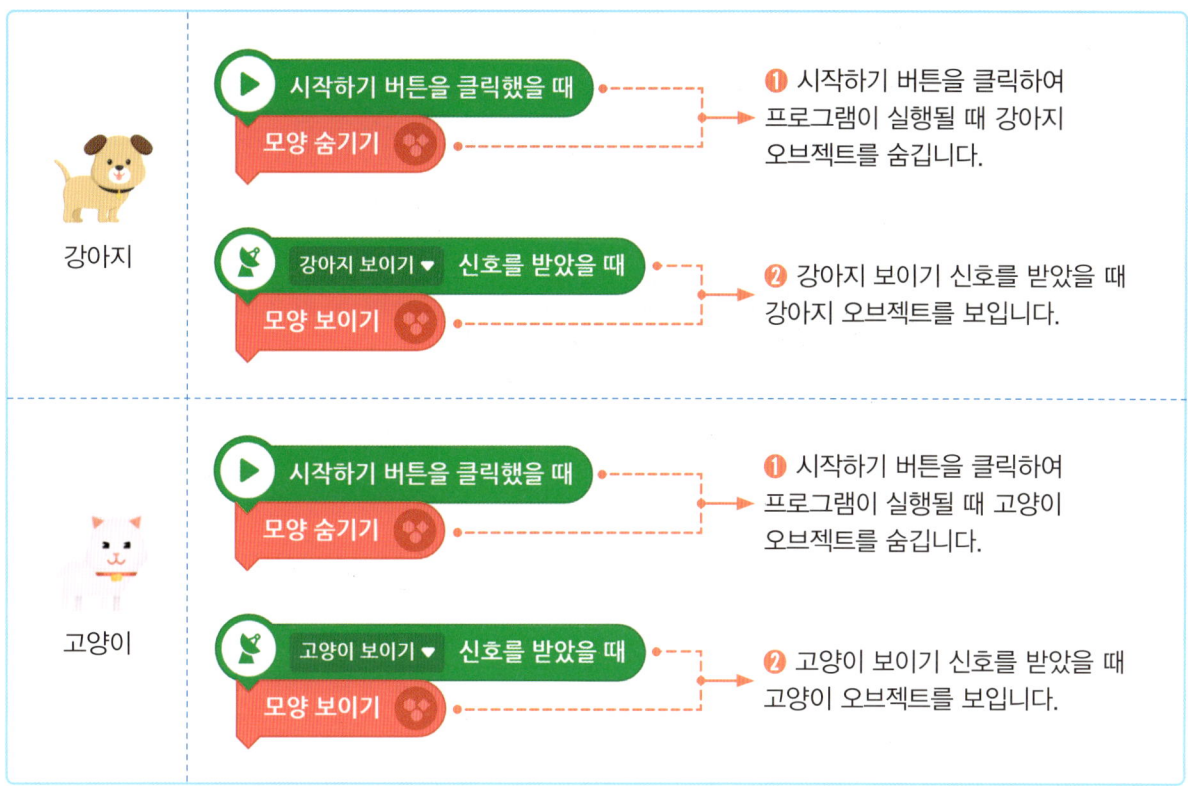

### 4 실행 결과 확인하기

① 시작하기 버튼을 클릭하면 인식 창이 열리는지 확인합니다.
① 분류 결과가 강아지 소리이면, "강아지"라는 말풍선과 음성이 출력되면서 강아지가 화면에 나타나는지 확인합니다.
② 분류 결과가 고양이 소리이면, "고양이"라는 말풍선과 음성이 출력되면서 고양이가 화면에 나타나는지 확인합니다.

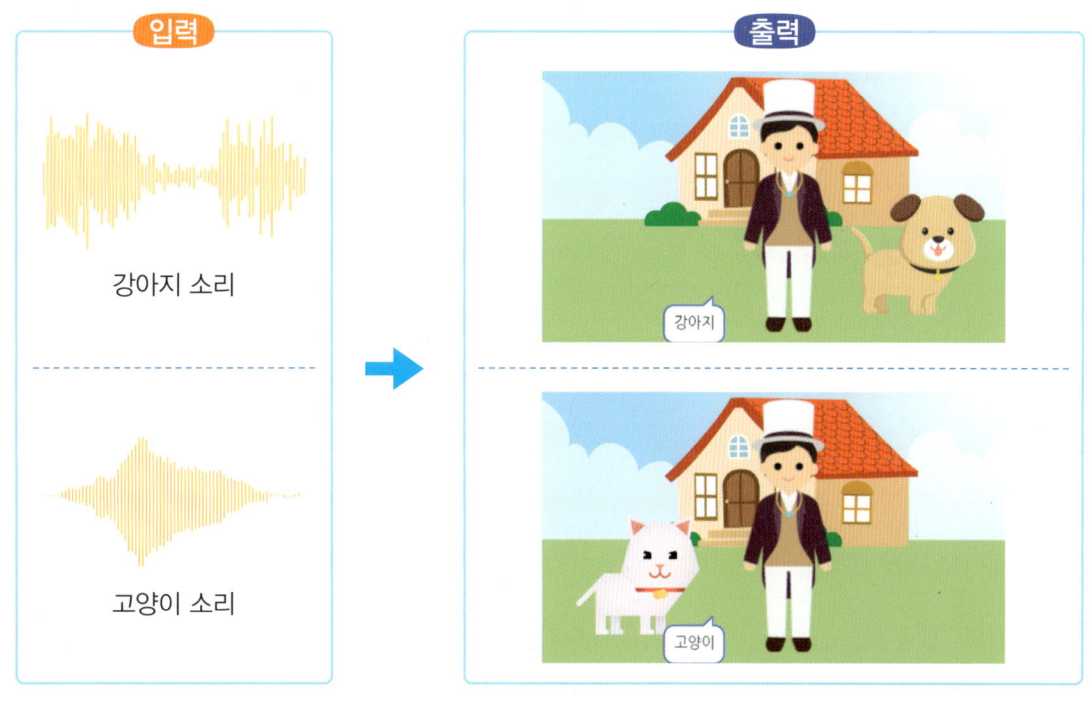

# 5 정리해 볼까?

오늘 배운 내용을 되짚어 보면서 정리해 봅시다.

◆ 인공지능의 음성(소리) 인식

이번 활동에서는 소리 데이터를 입력하여 학습시켰습니다. 그런데 컴퓨터 속에서 인공지능은 소리 데이터를 어떻게 인식하고 분류할 수 있었을까요?

인공지능은 입력된 소리를 수로 바꾸어 처리합니다. 우리가 입력한 소리도 수로 바꾸어 처리합니다. 그렇다면 소리는 어떻게 수로 바뀌게 될까요?

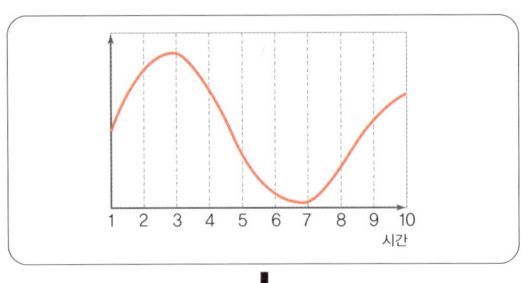

소리는 공기를 진동시킵니다.
이를 음파라고 부릅니다.
음파는 왼쪽과 같은 모양을 나타냅니다.

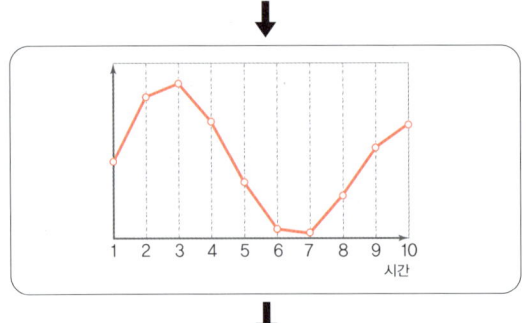

일정한 시간 간격으로 값을 측정하여 선에 점으로 표시합니다.

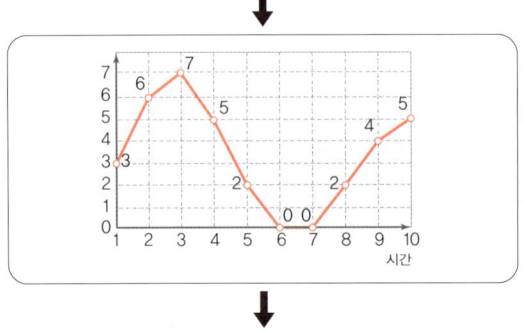

일정한 단계로 나누어 각 점의 좌푯값, 즉 수로 변환합니다.

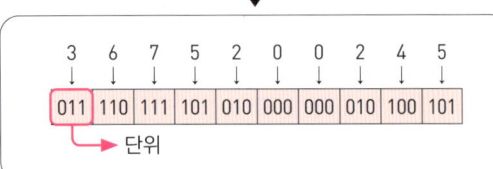

각 좌푯값을 모은 한 단위(0과 1로 표현)입니다.

위의 수를 기초로 다른 소리와 구분 짓고 특징을 파악하여 학습할 수 있습니다. 또한 새로운 소리를 비교하여 구분할 수도 있습니다. 즉, 인공지능은 소리를 수로 처리합니다.

이러한 원리로 인공지능은 소리를 인식할 수 있습니다.

## 인공지능의 활용

인공지능 윤리

인공지능은 사람처럼 학습을 기반으로 전에는 할 수 없었던 여러 분류를 해낼 수 있습니다. 그중 하나가 소리 데이터의 구분입니다. 인공지능은 다양한 소리를 학습하고 그 소리를 수로 처리하여 구분할 수 있습니다. 이를 활용하여 해결할 수 있는 문제는 무엇이 있을지 생각해 봅시다.

---

예
- 우리 아버지는 방귀 냄새가 심합니다. 방귀 소리를 인식해서 즉시 창문을 열어 주는 프로그램을 만들고 싶습니다.
- 우리 어머니가 일하시는 공장에는 오작동을 할 때 이상한 소리를 내는 기계가 있습니다. 인공지능이 이상한 소리가 발생할 때 즉시 위험을 알리고 기계를 멈출 수 있게 하고 싶습니다.
- 아파트의 층간 소음을 인공지능이 인식하고, 소리가 클 때 윗집에 수와 그래프로 소음 정보를 전달할 수 있는 프로그램을 만들고 싶습니다.

지도 학습 소리 | 인공지능 학습 요소 ▶ 정확도

# 8 위험해, 비켜나세요

**학습목표** 소리 지도 학습을 이용하여 주변의 위험 상황을 알려 주는 프로그램을 만들 수 있습니다.

**활동 전 넓게 생각해 보기**

운전할 때 구급차 소리가 나면 운전자들은 위급 상황임을 인지하여 길을 비켜 줍니다. 이처럼 소리로 위급 상황을 인지하는 인공지능은 생활 속에서 어떤 문제를 해결할 수 있을까요?

# 너의 이야기를 들려줄래?

태환이가 뒤에서 달려오는 자전거와 하마터면 부딪힐 뻔 했어요.

이어폰을 귀에 꽂은 채 큰 소리로 음악을 듣느라 자전거 소리를 듣지 못했나 봐요.
위험한 소리를 미처 듣지 못해 위험해지지 않도록 명탐정이 해결해 줄 수 있을까요?

**프로젝트 미리 보기** 주변의 소리를 듣고 위험 상황인지 아닌지를 구분합니다.

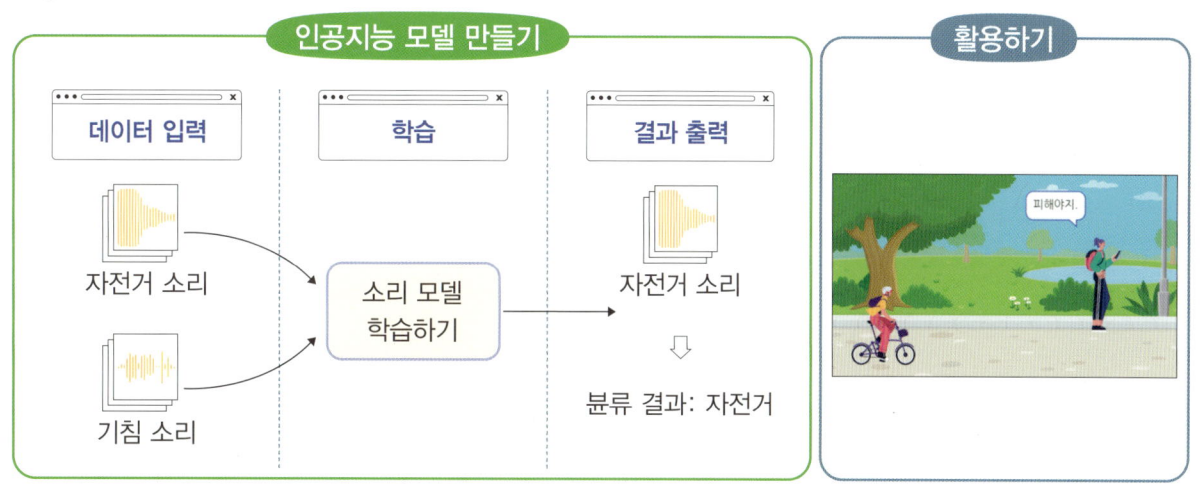

## 무엇으로 어떻게 해결할까?

인공지능을 이용한 문제 해결 방법을 알아봅시다.

### 1 무엇이 필요할까?

컴퓨터는 데이터로 배웁니다. 컴퓨터가 배워야 할 데이터의 유형이 무엇인지 찾아봅시다.

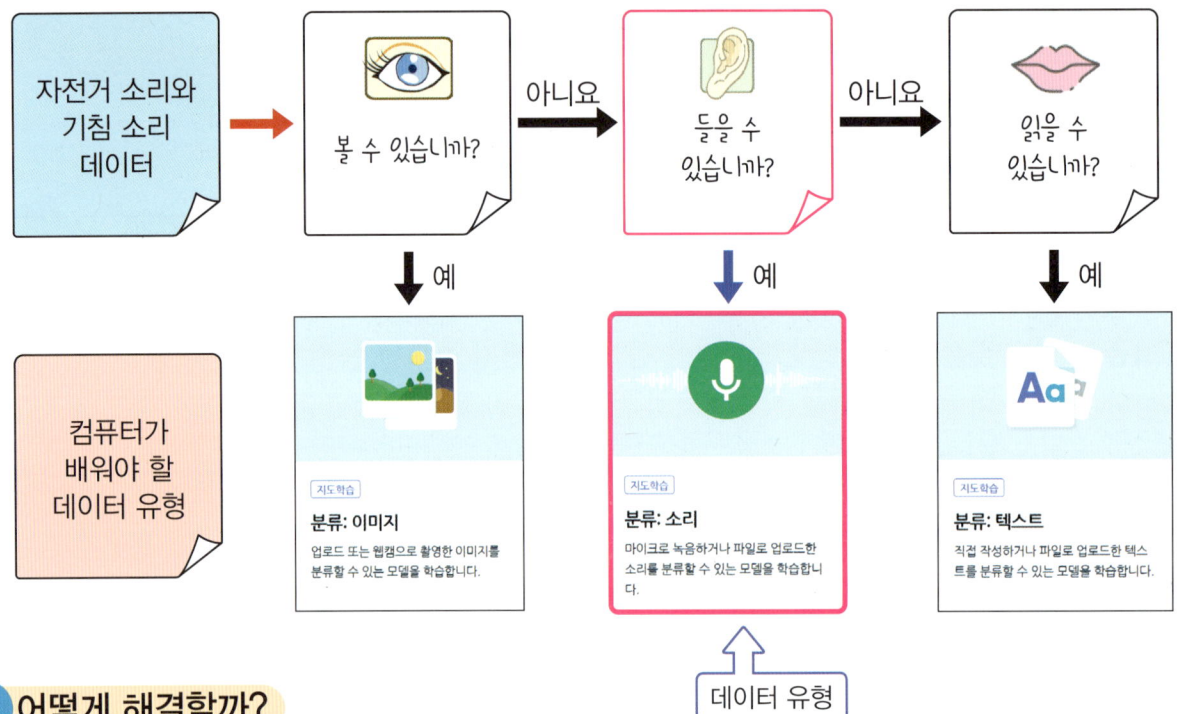

### 2 어떻게 해결할까?

사람과 인공지능이 주변의 소리를 듣고 위험한 상황인지 아닌지를 구분하는 방법을 비교해 봅시다.

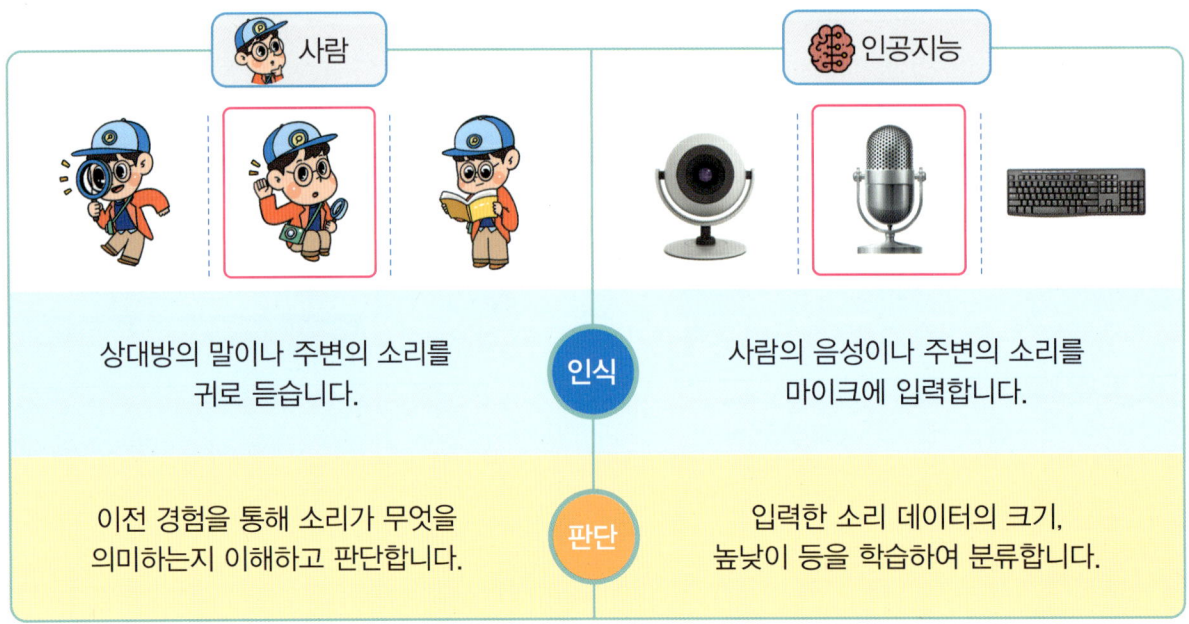

# 3 똑똑해져라, 인공지능!

컴퓨터가 데이터를 통해 스스로 규칙을 발견할 수 있도록 모델 학습을 시작해 봅시다.

## 1 데이터를 수집하고 분류해요

문제 해결에 필요한 데이터의 유형을 정한 뒤, 분류하려는 데이터를 클래스로 나눠 수집합니다.

| 유형 | 수집 방법 | 분류 |
|---|---|---|
| 소리 | 주변의 소리 데이터를 인터넷에서 다운로드합니다. | • 자전거<br>• 기침 |

◎ 109쪽의 소리 데이터 다운로드하는 방법을 참고해서 소리 파일을 인터넷에서 다운로드합니다.

**🎤 자전거**

❶ 자전거1.mp3　❷ 자전거2.mp3　❸ 자전거3.mp3
❹ 자전거4.mp3　❺ 자전거5.mp3　❻ 자전거6.mp3
❼ 자전거7.mp3　❽ 자전거8.mp3　❾ 자전거9.mp3
❿ 자전거10.mp3

**🎤 기침**

❶ 기침1.mp3　❷ 기침2.mp3　❸ 기침3.mp3
❹ 기침4.mp3　❺ 기침5.mp3　❻ 기침6.mp3
❼ 기침7.mp3　❽ 기침8.mp3　❾ 기침9.mp3
❿ 기침10.mp3

❶~❾번: 훈련 데이터, ❿번: 테스트 데이터

---

**여기서, 잠깐!**

 실습 데이터 다운로드(씨마스에듀 자료실)

'씨마스에듀' 사이트의 자료실에서 자전거 소리와 기침 소리 파일을 다운로드할 수 있습니다.

## 2 모델 학습을 해요

문제와 정답으로 구분한 훈련 데이터를 입력하여 모델 학습을 합니다.

### 훈련 데이터 입력하기

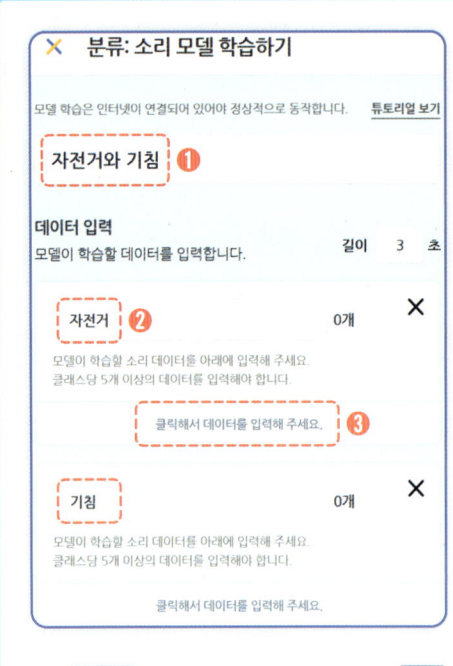
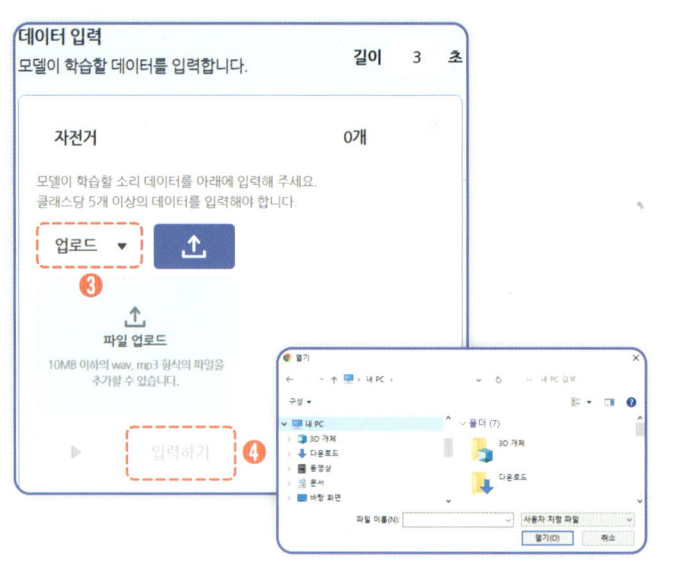

① 인공지능 — 인공지능 모델 학습하기 — (분류: 소리)를 선택하고, 모델의 이름을 '자전거와 기침'으로 구분하여 입력합니다.

② 컴퓨터가 출력해야 할 정답(클래스)을 각각 '자전거'와 '기침'으로 입력합니다.

③ 클릭해서 데이터를 입력해 주세요. 를 클릭한 뒤, 데이터 입력 방식을 '업로드'로 선택합니다.

④ 컴퓨터가 학습할 문제 소리(❶~❾번) 파일을 업로드하여 입력합니다.

### 모델 학습하기

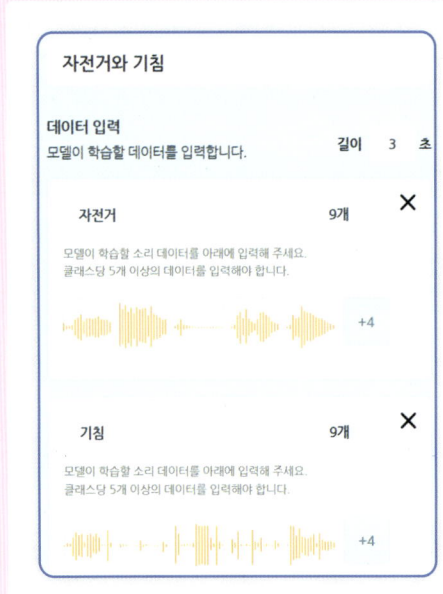
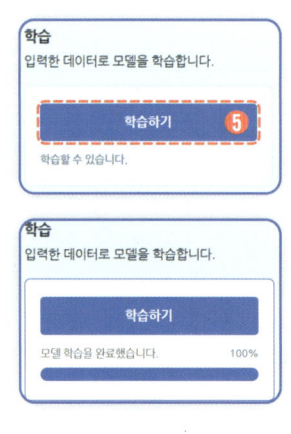

소리 데이터를 직접 녹음할 때에는 녹음 완료 뒤 드래그해서 잡음은 제거한 다음 업로드하세요.

⑤ 각 클래스에 입력한 데이터를 이용하여 모델을 학습시킵니다.

### ③ 모델의 성능을 평가해요

학습을 완료한 모델이 입력한 데이터를 정확하게 분류하는지 결과를 확인합니다.

#### 테스트 데이터 입력하기

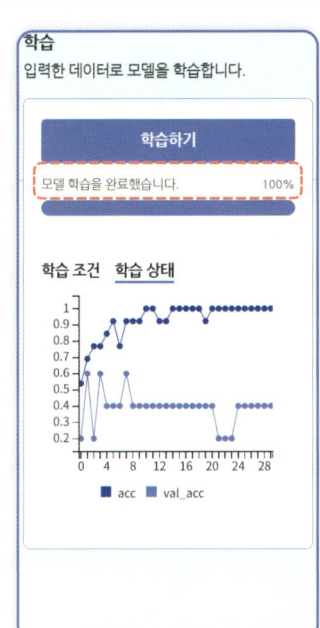 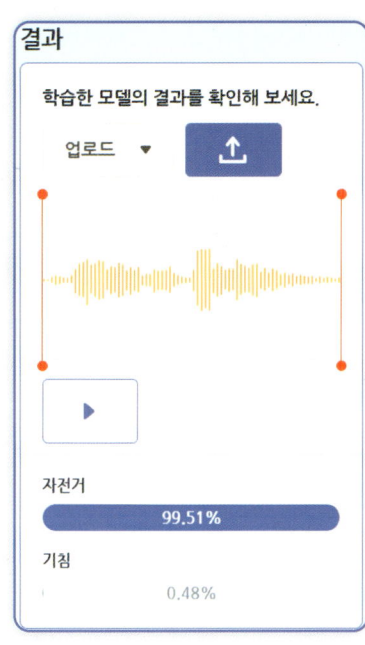 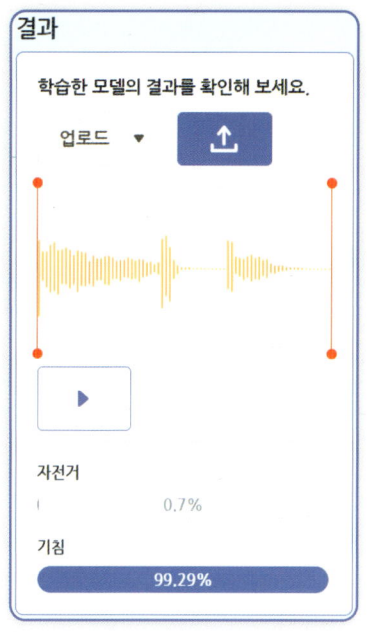

❶ 모델 학습을 완료했습니다. 를 클릭한 뒤 학습조건 ↔ 학습상태 버튼으로 학습 조건과 학습 상태를 확인합니다.

❷ ❷의 모델 학습 과정에서 사용하지 않은 테스트 데이터(❿번)를 준비합니다. [결과]창에서 파일을 업로드하여 입력합니다.

#### 분류 결과 확인하기

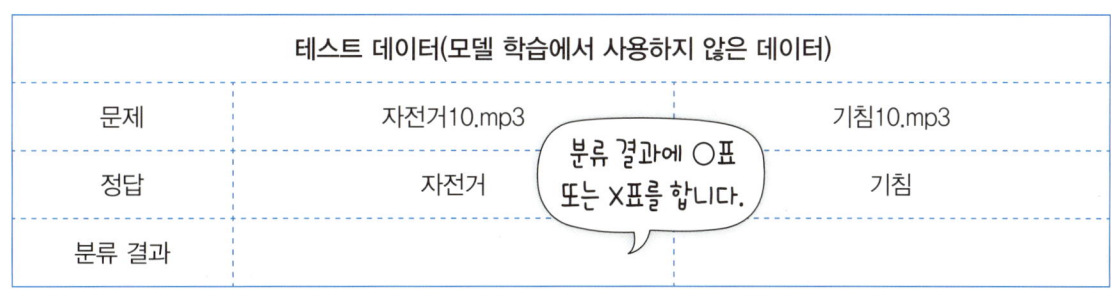

❸ 학습 모델이 새로운 데이터를 정확히 판단한다면 적용하기 를 눌러 모델을 저장하고, 그렇지 않다면 ❷의 과정으로 돌아가서 충분한 데이터로 학습을 반복합니다.

업로드가 아닌 녹음을 선택한 뒤 기능을 활성화시킨 다음, 마이크에 소리를 인식시켜 결과를 확인할 수도 있어요.

# 4 너를 위해 만들었어!

인공지능 모델을 활용하여 문제 해결을 위한 나만의 프로젝트를 만들어 봅시다.

### 1 해결 방법 생각하기

프로그램을 만들기 전에 해결 과정을 순서대로 나열합니다.

| 스페이스 키를 눌러 소리 인식 창을 열고 분류 결과에 따라 신호 보내기 |  | 주변 소리 분류 결과에 따라 행동하기 |

### 2 화면 구성하기

오브젝트를 추가하여 화면을 구성합니다.

### 3 코드 작성하기

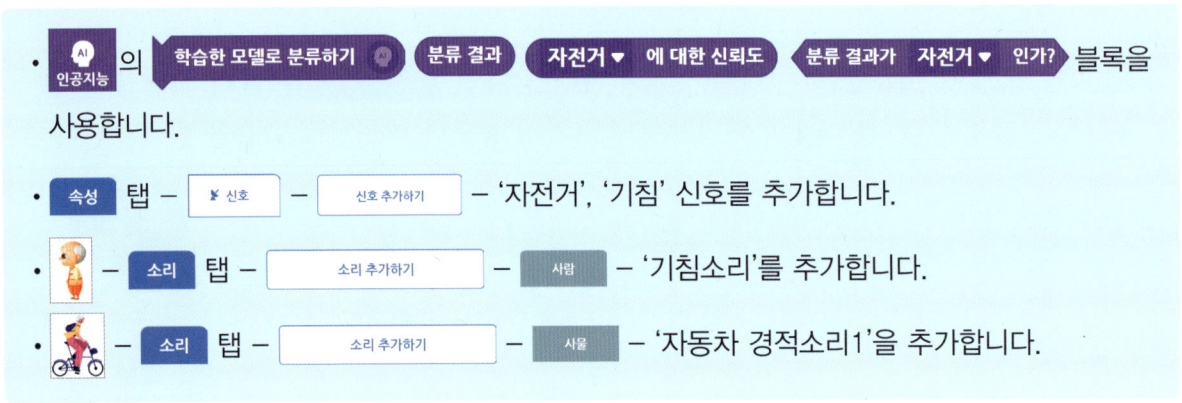

① 스페이스 키를 눌러 소리를 인식하고 분류 결과에 따라 신호를 보냅니다.

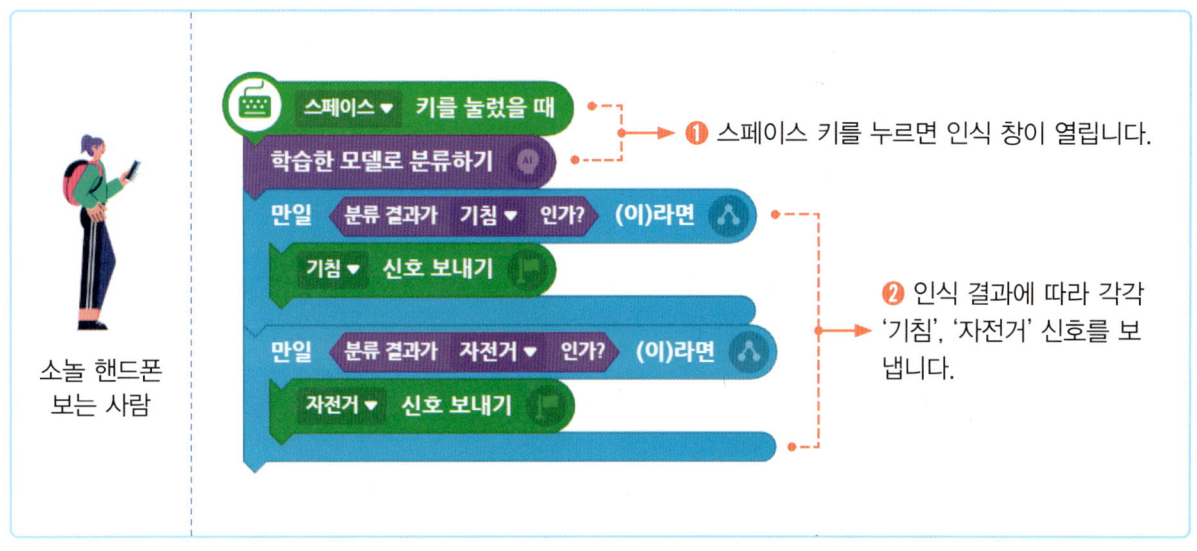

❶ 스페이스 키를 누르면 인식 창이 열립니다.

❷ 인식 결과에 따라 각각 '기침', '자전거' 신호를 보냅니다.

② 주변 소리 분류 결과가 '기침'이면 인사하고, '자전거'면 피합니다.

❶ '기침' 신호를 받으면 좌우 모양을 뒤집어 뒤를 돌아보고 인사한 뒤 처음 모양으로 돌아옵니다.
❷ '자전거' 신호를 받으면 자전거를 피해 위쪽으로 이동했다가 제자리로 돌아옵니다.
❸ '자전거' 신호를 받으면 3초 동안 '피해야지.'라고 말합니다.

③ 분류 결과가 '자전거'이면 할아버지를 숨기고, '기침'이면 자전거 타는 사람을 숨깁니다.

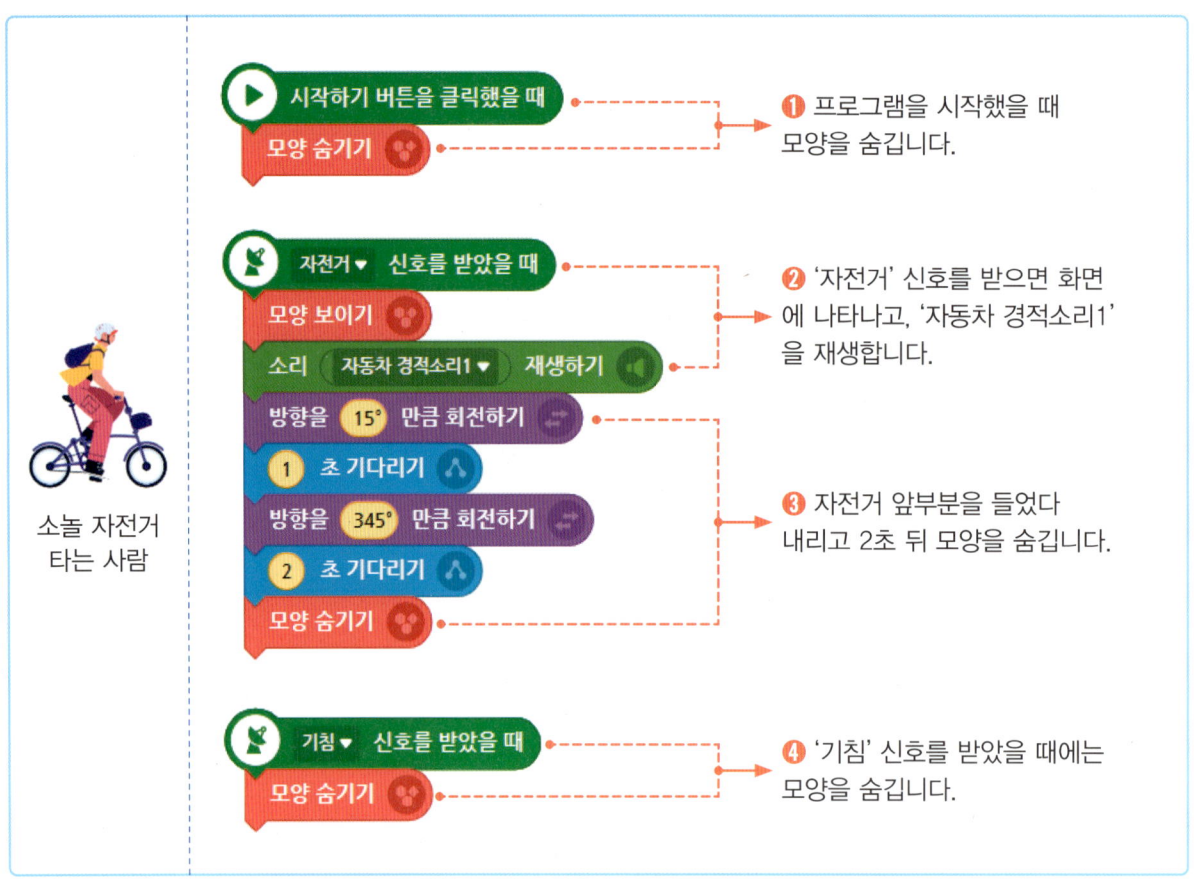

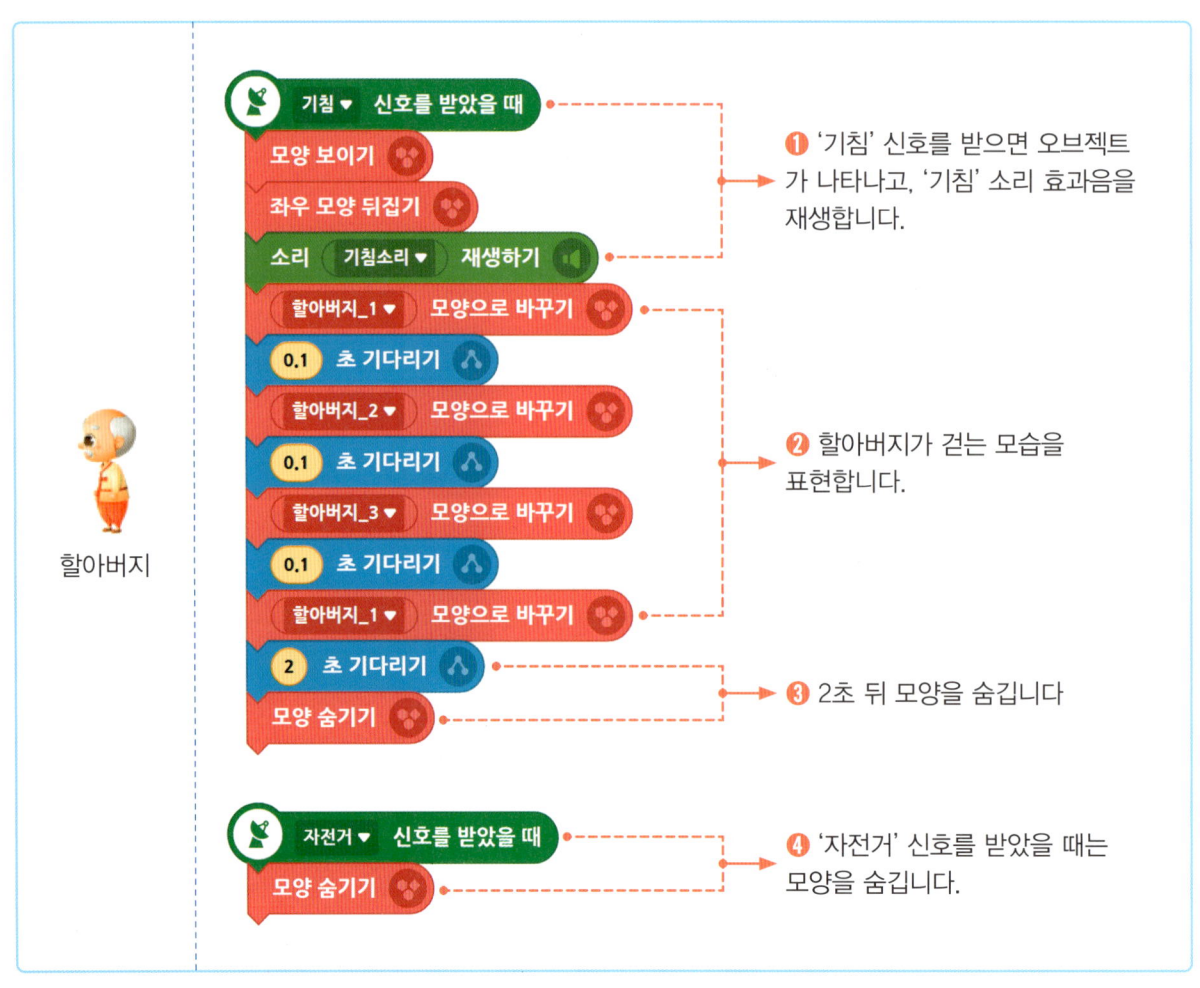

## 4 실행 결과 확인하기

① 스페이스 키를 누르면 음성 인식 창이 열리는지 확인합니다.
② 분류 결과가 '자전거'이면 사람이 위로 이동한 뒤 "피해야지."라고 말하는지 확인합니다.
③ 분류 결과가 '기침'이면 사람이 뒤돌아 "안녕하세요?"라고 말하는지 확인합니다.

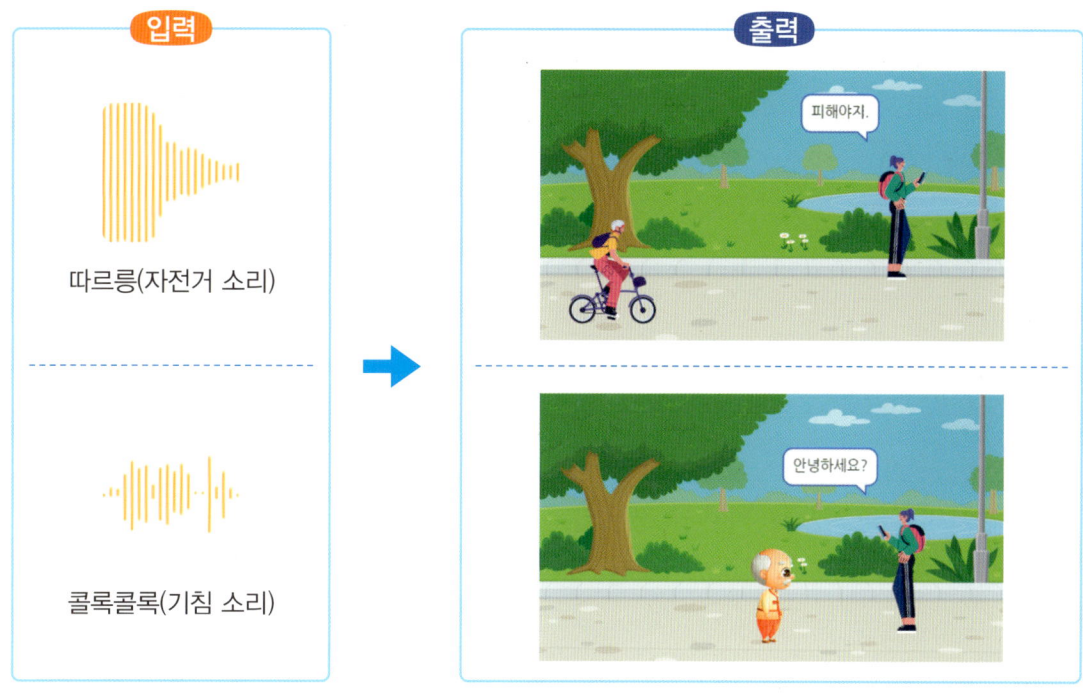

### 여기서, 잠깐!

📁 **소리 데이터 다운로드하는 방법**

❶ 브라우저 주소 창에 무료 소리 파일을 다운로드할 수 있는 https://www.findsounds.com를 입력합니다.

❷ 사이트 검색 창에 'bicycle bell' 검색어를 입력하여 자전거 벨 소리를 검색합니다.

❸ 검색 결과에서 ▶를 클릭하면 바로 파일을 다운로드할 수 있고, 재생 화면이 나오면 오른쪽 점 세 개를 클릭해서 다운로드합니다.

❹ 같은 방법으로 사이트 검색창에 'cough' 검색어를 입력하여 기침 소리 파일을 다운로드합니다.

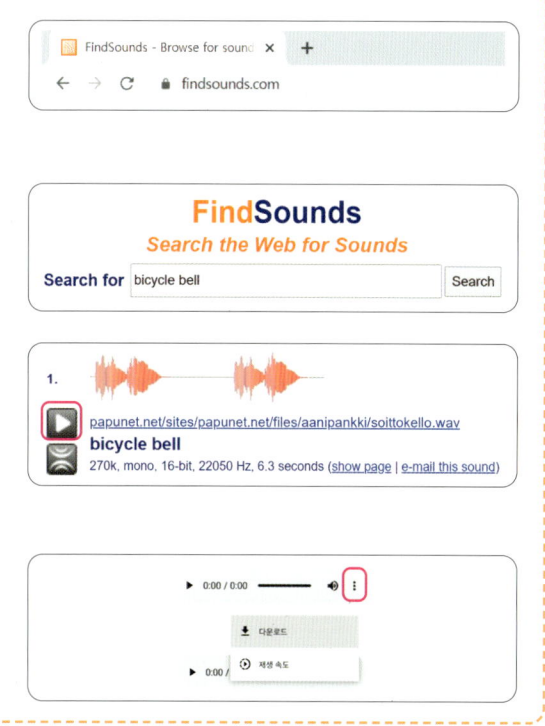

## 5 정리해 볼까?

오늘 배운 내용을 되짚어 보면서 정리해 봅시다.

◆ 정확도

정확도란 전체 데이터 개수에서 맞게 판단한 개수의 비율입니다. 인공지능 모델의 성능을 평가할 때 전체 데이터 개수에서 맞게 판단한 개수의 비율이 높으면 정확도가 높다고 말할 수 있습니다.

$$정확도 = \frac{맞힌\ 데이터\ 개수}{전체\ 데이터\ 개수}$$

아래 표는 데이터가 한쪽으로 치우친 경우입니다. 이 때 A모델과 B모델 모두 10개 중 9개를 맞혀서 90%의 정확도를 가집니다. 이처럼 정확도가 같다면 두 모델의 성능도 같을까요?

👴 : 기침 소리(일반적인 상황), 🚴 : 자전거 소리(위험한 상황)

| 실제 \ 판단 | 데이터 | | | | | | | | | | 정확도 |
|---|---|---|---|---|---|---|---|---|---|---|---|
| | 👴 | 👴 | 👴 | 👴 | 👴 | 👴 | 👴 | 👴 | 👴 | 🚴 | |
| A 모델 | 맞힘 ○ | 맞힘 ○ | 맞힘 ○ | 맞힘 ○ | 맞힘 ○ | 맞힘 ○ | 맞힘 ○ | 맞힘 ○ | 맞힘 ○ | 틀림 × | 90% |
| | 인사 | 인사 | 인사 | 인사 | 인사 | 인사 | 인사 | 인사 | 인사 | 인사 | |
| B 모델 | 맞힘 ○ | 맞힘 ○ | 맞힘 ○ | 맞힘 ○ | 맞힘 ○ | 맞힘 ○ | 맞힘 ○ | 맞힘 ○ | 틀림 × | 맞힘 ○ | 90% |
| | 인사 | 인사 | 인사 | 인사 | 인사 | 인사 | 인사 | 인사 | 피하기 | 피하기 | |

A모델은 <u>자전거 벨 소리를 위험 상황으로 인지</u>하지 못해 피하지 않았기 때문에 사고가 났겠지만, B모델은 <u>기침 소리를 위험 상황으로 인지</u>해서 피했더라도 큰 문제는 없었겠죠? 따라서 위의 표와 같이 데이터가 한쪽으로 치우쳤을 경우에는 맞힌 개수의 비율인 정확도만으로 모델의 성능을 평가할 수는 없습니다.

## AI 함께 생각해 봐요!

## 인공지능의 순기능과 역기능

인공지능 윤리

아무도 없는 집 안에서 몸이 아픈 노인이 살려 달라고 외칩니다. 그 음성을 인식한 뒤 구조 신호를 보낸 인공지능 스피커의 활약상이 기사로 소개된 적이 있습니다.
이렇듯 사람이 담당하던 일을 인공지능이 대신하면서 그 역할의 중요성이 커지고 있습니다. 그런데 미국에서는 어느 부부의 사적인 대화를 듣고 있던 인공지능 스피커가 말을 잘못 인식해서 대화 내용을 메일로 친구에게 잘못 보내는 일이 발생하기도 했습니다.

인공지능이 의도한 대로 작용하는 긍정적인 기능과 의도한 것과 반대로 작용하는 부정적인 기능은 어떤 것들이 있을지 생각해 봅시다.

---

**예** 스마트폰 속 인공지능 음성 비서는 궁금한 정보를 찾아 알려 주거나, 모르는 노래를 들려주면 어떤 노래인지 곡의 정보를 알려 주는 등의 유익한 기능이 있습니다.
하지만, 시시때때로 호출하지 않았는데 불쑥불쑥 대답을 하는 인공지능 음성 비서를 보면 항상 내 주위의 소리를 감시하고 있지는 않을까 하는 불안감이 들기도 합니다.
사람을 돕는 인공지능이 사람을 위험하게 만들지 않게 하려면 개인 정보의 중요성은 아무리 강조해도 지나치지 않다고 생각합니다.

8. 위험해, 비켜나세요 **111**

지도 학습  텍스트　　인공지능 학습 요소 ▶ **텍스트 전처리(레이블 인코딩)**

# 9 뮤직 큐! 음악을 틀어 주세요

**학습목표** 텍스트 지도 학습을 이용하여 나의 상황에 따라 음악을 들려주는 프로그램을 만들 수 있습니다.

 활동 전 **넓게** 생각해 보기

더 많은 사람들이 생활 속에서 인공지능 기술을 누리려면 어떤 기능이 더해져야 할까요?

# 너의 이야기를 들려줄래?

햇님이가 방송반으로 도착한 사연에 어울리는 음악을 찾고 있어요.

음악 방송 진행을 맡은 햇님이가 방송반으로 도착한 친구의 사연을 읽고 있어요. "공부하는데 집중이 안되고 피곤해요.", "공부를 잘하고 싶어요." 친구들에게 어떤 음악을 들려줄까요?

**프로젝트 미리 보기** 말을 입력하면 글로 바꾸고, 집중이 필요한 상황인지 휴식이 필요한 상황인지 구분합니다.

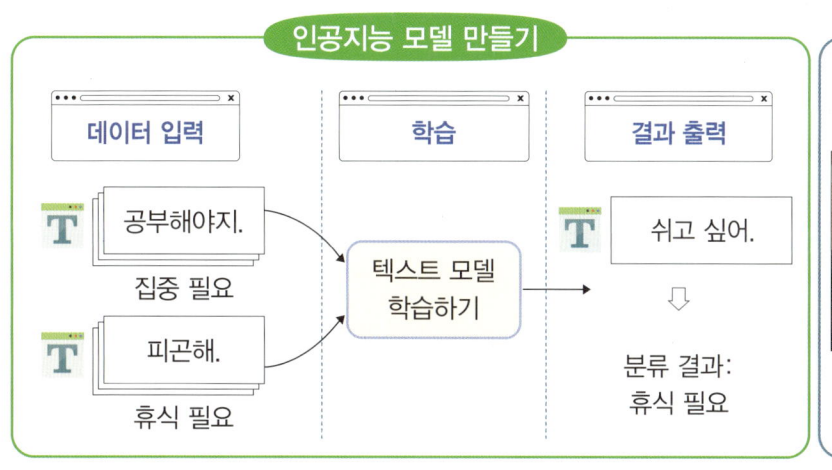

9. 뮤직 큐! 음악을 틀어 주세요 **113**

## 무엇으로 어떻게 해결할까?

인공지능을 이용한 문제 해결 방법을 알아봅시다.

### 1 무엇이 필요할까?

컴퓨터는 데이터로 배웁니다. 컴퓨터가 배워야 할 데이터의 유형이 무엇인지 찾아봅시다.

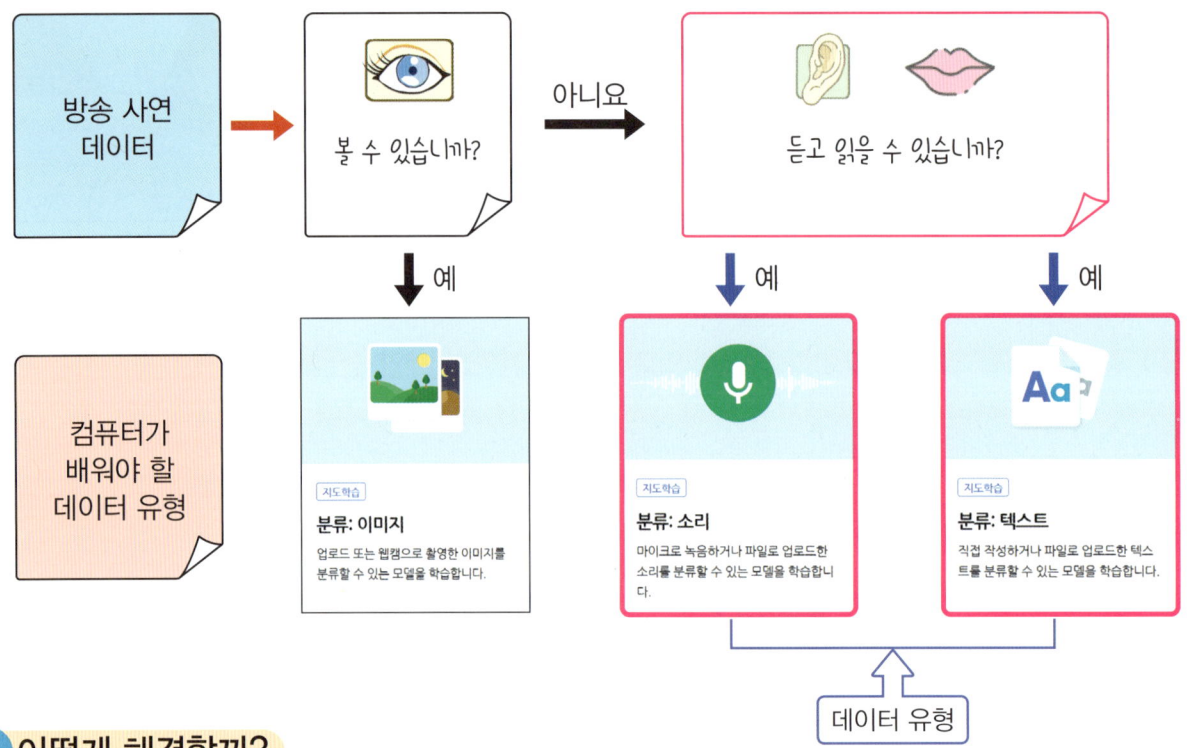

### 2 어떻게 해결할까?

사람과 인공지능이 사람의 상황을 인식하는 방법을 비교해 봅시다.

# 3 똑똑해져라, 인공지능!

컴퓨터가 데이터를 통해 스스로 규칙을 발견할 수 있도록 모델 학습을 시작해 봅시다.

## 1 데이터를 수집하고 분류해요

문제 해결에 필요한 데이터의 유형을 정한 뒤, 분류하려는 데이터를 클래스로 나눠 수집합니다.

| 유형 | 수집 방법 | 분류 |
|---|---|---|
| T<br>텍스트 | 집중이 필요한 상황과 휴식이 필요한 상황이 나타나는 텍스트 데이터를 준비합니다. | • 집중 필요<br>• 휴식 필요 |

◎ 집중이 필요한 상황과 휴식이 필요한 상황이 나타나는 글(텍스트) 데이터를 준비합니다.

| | 집중 필요 | | 휴식 필요 |
|---|---|---|---|
| ❶ | 공부해야지. | ❶ | 피곤해. |
| ❷ | 책 읽어야지. | ❷ | 지루해. |
| ❸ | 집중해서 공부해 보자. | ❸ | 졸려. |
| ❹ | 계속 공부할래. | ❹ | 쉬고 싶어. |
| ❺ | 공부가 재미있어. | ❺ | 그만 할래. |
| ❻ | 좀 더 집중해야지. | ❻ | 재미없어. |
| ❼ | 밤새도록 공부할래. | ❼ | 짜증나. |
| ❽ | 조용히 있고 싶어. | ❽ | 안 할래. |
| ❾ | 차분하게 공부하고 싶어. | ❾ | 잘 못하겠어. |
| ❿ | 편안하게 있고 싶어. | ❿ | 난 그런 거 못해. |

❶~❾번: 훈련 데이터, ❿번: 테스트 데이터

> **여기서, 잠깐!**
>
>  **실습 데이터 다운로드(씨마스에듀 자료실)**
>
> '씨마스에듀' 사이트의 자료실에서 '집중 필요'와 '휴식 필요' 텍스트 파일을 다운로드할 수 있습니다.

## 2 모델 학습을 해요

문제와 정답으로 구분한 훈련 데이터를 입력하여 모델 학습을 합니다.

**훈련 데이터 입력하기**

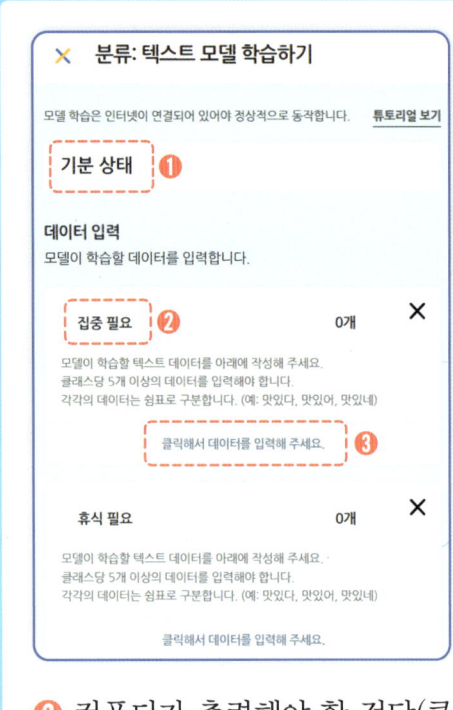

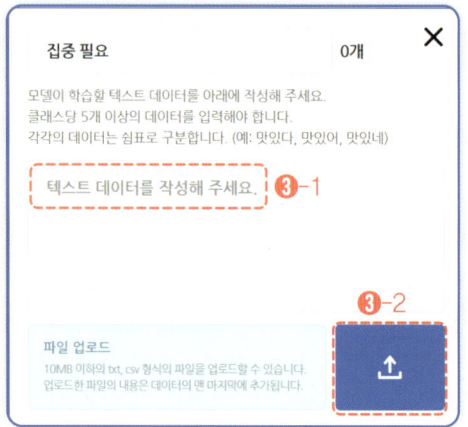

❶ 인공지능 모델 학습하기 — (분류: 텍스트)를 선택하고, 모델의 이름을 '기분 상태'로 입력합니다.

❷ 컴퓨터가 출력해야 할 정답(클래스)를 각각 '집중 필요'와 '휴식 필요'로 입력합니다.

❸ 클릭해서 데이터를 입력해 주세요. 를 클릭한 뒤, 문제 텍스트 데이터(❶~❾번)를 쉼표(,)로 구분하여 직접 작성(❸-1)하거나 미리 저장해 놓은 파일(txt나 csv 파일)을 업로드(❸-2)하여 입력합니다.

**모델 학습하기**

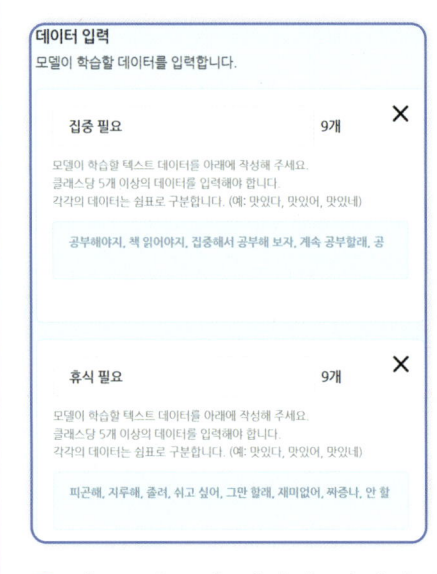

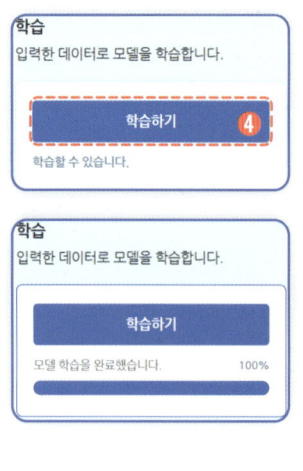

파일 업로드 후에도 ❸-1처럼 직접 데이터를 작성하여 추가할 수 있습니다.

❹ 각 클래스에 입력한 데이터를 이용하여 모델을 학습시킵니다.

## 3 모델의 성능을 평가해요

학습을 완료한 모델이 입력한 데이터를 정확하게 분류하는지 결과를 확인합니다.

**테스트 데이터 입력하기**

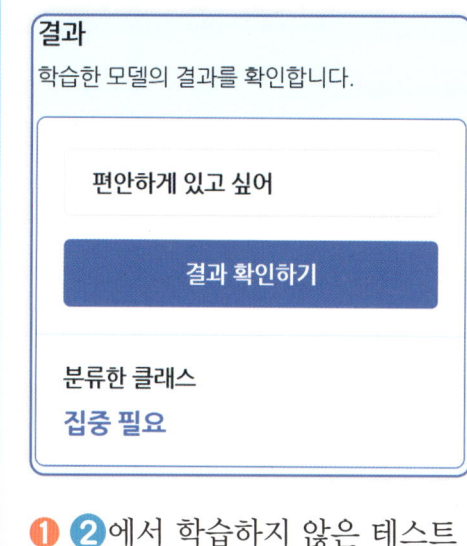
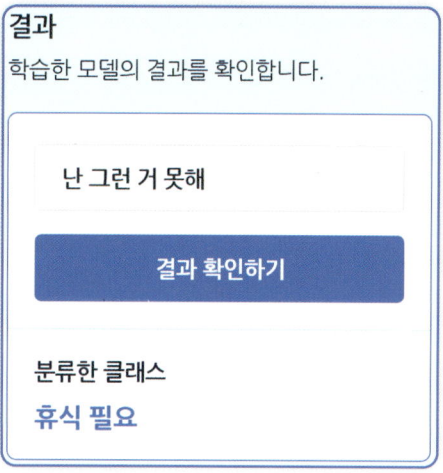

❶ ❷에서 학습하지 않은 테스트 데이터(❿번)를 각각 준비합니다.
❷ 입력창에 테스트 데이터를 1개씩 작성하여 입력합니다.

**분류 결과 확인하기**

> 분류 결과에 ○표 또는 ✕표를 합니다.

| | 테스트 데이터 (모델 학습에서 사용하지 않은 데이터) | |
|---|---|---|
| 문제 | 편안하게 있고 싶어. | 난 그런 거 못 해. |
| 정답 | 집중 필요 | 휴식 필요 |
| 분류 결과 | | |

❸ 학습 모델이 새로운 데이터를 정확히 판단한다면 `적용하기` 를 눌러 모델을 저장하고, 그렇지 않다면 ❷의 과정으로 돌아가서 충분한 데이터로 학습을 반복합니다.

> 분류 결과가 좋지 않다면 저에게 더 많은 데이터를 주세요.

9. 뮤직 큐! 음악을 틀어 주세요 **117**

# 너를 위해 만들었어!

인공지능 모델을 활용하여 문제 해결을 위한 나만의 프로젝트를 만들어 봅시다.

### 1 해결 방법 생각하기

프로그램을 만들기 전에 해결 과정을 순서대로 나열합니다.

| 마우스를 클릭하면 음성을 인식하여 문자(텍스트)로 바꾸기 |  | 문자(텍스트) 분류 결과에 따라 음악 재생하기 |
|---|---|---|

### 2 화면 구성하기

오브젝트를 추가하여 화면을 구성합니다.

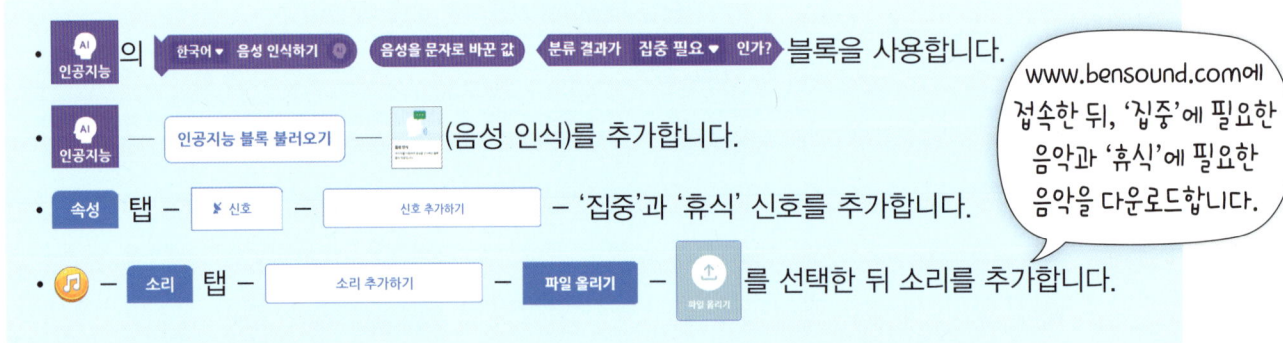

① 분류 결과가 '집중 필요'이면 공부하는 모습이 보이고, '휴식 필요'이면 춤을 춥니다.

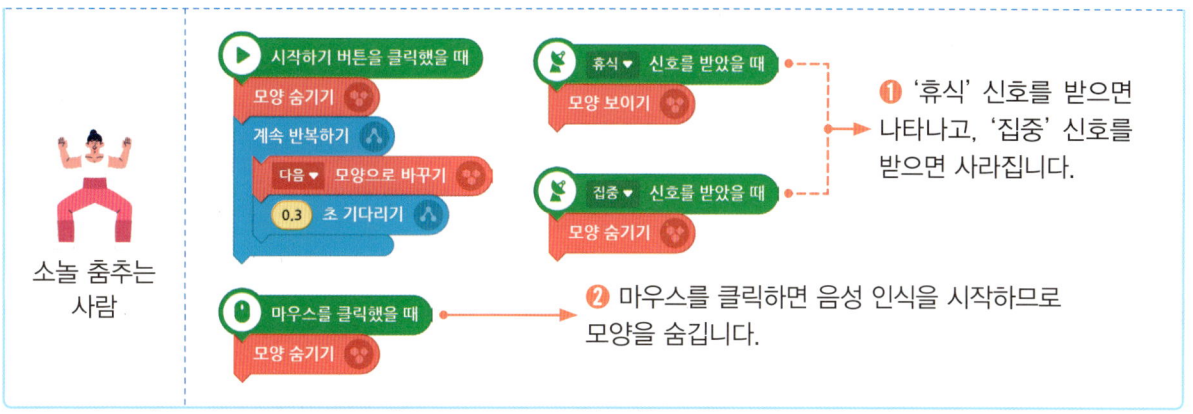

② 마우스를 클릭하면 분류 결과에 따라 음악이 재생됩니다.

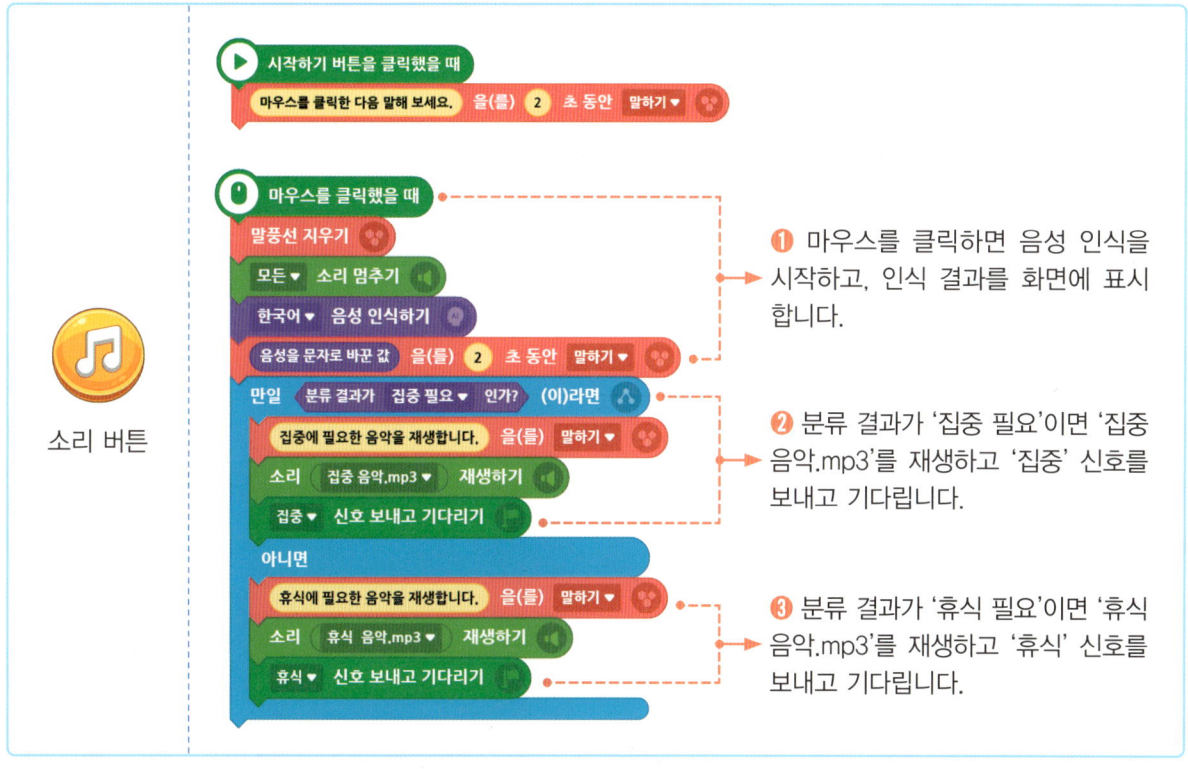

### 4 실행 결과 확인하기

① 마우스를 클릭하면 입력한 음성을 문자(텍스트)로 바꾸어 말하는지 확인합니다.
② '집중 필요'와 '휴식 필요'에 적절한 오브젝트와 음악이 나오는지 확인합니다.

# 5 정리해 볼까?

오늘 배운 내용을 되짚어 보면서 정리해 봅시다.

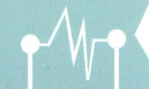

◆ **텍스트 전처리(레이블 인코딩)**

컴퓨터는 데이터를 인식할 때 숫자로 인식합니다.

컴퓨터는 내부에서 데이터를 0과 1로 처리합니다. 다시 말해, 컴퓨터는 데이터를 숫자들의 약속으로 이해합니다.

이번 활동에서 지도 학습에 사용한 '집중 필요'와 '휴식 필요' 클래스(레이블)는 숫자가 아닌 문자입니다. 그래서 문자를 컴퓨터가 이해할 수 있는 숫자로 바꾸어 처리합니다. 이것을 레이블 인코딩이라고 합니다.

이때 '집중 필요'를 0으로 표현하면, '휴식 필요'는 1로 표현할 수 있습니다.

| 레이블 인코딩 | |
|---|---|
| 집중 필요 | 0 |
| 휴식 필요 | 1 |

인코딩이 뭐예요?

사람이 사용하는 데이터를 컴퓨터가 인식하는 0과 1로 변환하는 과정을 통틀어 말합니다.

## 함께 하기 위한 인공지능

인공지능 윤리

대전광역시가 청각 장애인이 다양한 지역 정보를 쉽게 접할 수 있는 인공지능 수어 챗봇인 '누리봇'을 도입했다고 합니다. 누리봇은 대전의 교통, 관광, 축제 및 주요 행사 등의 관광 정보를 물어보면 한국 수어로 정보를 알려 주는 챗봇입니다.

누리봇과 같은 사례에서 알 수 있듯이 인공지능 기술은 사람을 위해 활용되어야 하고, 그중에서도 신체적·정신적으로 어려움을 겪고 있는 사람들에게 도움이 되어야 합니다. 하지만 인공지능 기술을 활용한 많은 제품들이 이러한 사람들을 생각하지 못하고 있습니다. 인공지능 기술을 활용하는 것에 있어서도 장애를 가진 사람과 아닌 사람의 격차가 심해지고 있는 상황입니다. 아마존의 '알렉사' 등을 비롯한 챗봇에 대해 조사해 보고, 신체적 어려움을 겪는 사람들에게 좀 더 도움이 될 수 있는 챗봇을 만든다면 어떤 기능을 추가해야 할지 생각해 봅시다.

---

**예** 
- 청각 장애인을 위해 챗봇이 말하는 내용을 표시할 수 있는 텍스트 창을 챗봇에게 달아 주면 좋겠습니다.
- 시각 장애인을 위해 챗봇이 집 안에 있는 인터폰 영상에 찍힌 사람의 얼굴을 인식하고, 누가 왔는지 알려 주면 좋겠습니다.
- 말을 하기 어려운 사람을 위해 챗봇이 텍스트를 음성으로 바꾸어 전화를 걸 수 있는 기능이 필요합니다.
- 이렇게 챗봇을 만들 때 장애가 있다 하더라도 누구나 일상생활에서 편리하게 사용할 수 있는 인공지능이 필요합니다.

지도 학습  인공지능 학습 요소 ▶ **텍스트 전처리(원-핫 인코딩)**

# 10 광고 메일을 걸러내!

**학습 목표** 텍스트 지도 학습을 이용하여 광고 메일을 걸러 주는 프로그램을 만들 수 있습니다.

 활동 전 **넓게** 생각해 보기

광고 메일을 분류하는 프로그램을 누구나 그대로 활용할 수 있을까요?

# 너의 이야기를 들려줄래?

**수많은 광고 메일 때문에 중요한 민원 메일을 놓쳤어요.**

메일함에 광고 메일이 너무 많이 들어와서 정작 중요한 민원 메일을 읽지 못했어요. 탐정님, 광고 메일을 미리 걸러서 아예 안 받을 수는 없을까요?

**프로젝트 미리 보기** 메일 제목을 입력해서 광고 메일과 민원 메일을 구분합니다.

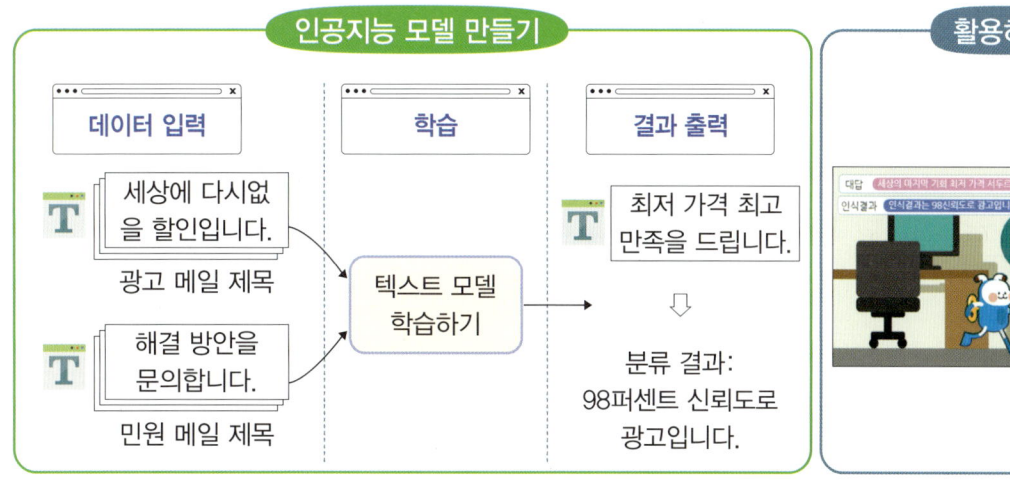

# 무엇으로 어떻게 해결할까?

인공지능을 이용한 문제 해결 방법을 알아봅시다.

## 1 무엇이 필요할까?

컴퓨터는 데이터로 배웁니다. 컴퓨터가 배워야 할 데이터의 유형이 무엇인지 찾아봅시다.

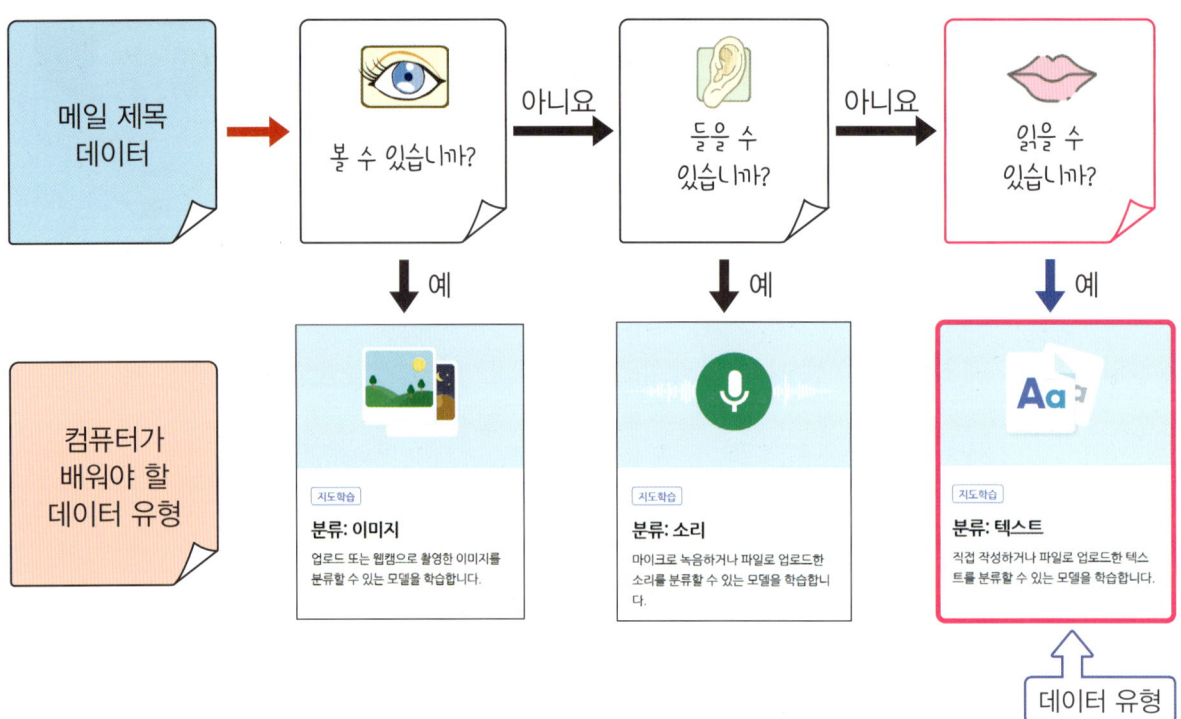

## 2 어떻게 해결할까?

사람과 인공지능이 광고 메일 제목과 민원 메일 제목을 구분하는 방법을 비교해 봅시다.

# 3 똑똑해져라, 인공지능!

**컴퓨터가 데이터를 통해 스스로 규칙을 발견할 수 있도록 모델 학습을 시작해 봅시다.**

## 1 데이터를 수집하고 분류해요

문제 해결에 필요한 데이터의 유형을 정한 뒤, 분류하려는 데이터를 클래스로 나눠 수집합니다.

| 유형 | 수집 방법 | 분류 |
|---|---|---|
| 텍스트 | 광고 메일 제목과 민원 메일 제목 데이터를 준비합니다. | • 광고 메일 제목<br>• 민원 메일 제목 |

◎ 광고 메일과 민원 메일에 사용되는 제목 데이터를 준비합니다.

| | 광고 메일 제목 | | 민원 메일 제목 |
|---|---|---|---|
| ❶ | 세상에 다시없을 할인입니다. | ❶ | 해결 방안을 문의합니다. |
| ❷ | 최고의 기회 마지막 찬스입니다. | ❷ | 문제를 해결할 수 있을까요? |
| ❸ | 최저가로 다 드립니다. | ❸ | 해결을 요청 드립니다. |
| ❹ | 광고입니다. | ❹ | 도움을 주실 수 있을까요? |
| ❺ | 100% 손해 보고 드립니다. | ❺ | 문제의 원인을 찾을 수 있을까요? |
| ❻ | 후회하지 않게 해 드릴게요. | ❻ | 어려움이 큽니다 부디 도와주세요. |
| ❼ | 선착순입니다 서두르세요. | ❼ | 사고 예방을 위해 문의합니다. |
| ❽ | 땡처리입니다 폐업했습니다. | ❽ | 부디 도움을 주실 수 있기를 바랍니다. |
| ❾ | 마지막으로 딱 10분께만 드립니다. | ❾ | 피해 발생 후 1년이 지났습니다. |
| ❿ | 3일간만 공짜로 드립니다. | ❿ | 고민이 큽니다 문제가 해결될 수 있을까요? |
| ⓫ | 우주에서 마지막 기회 가장 싸게 드립니다. | ⓫ | 해결하고 싶은 문제가 있어 도움을 부탁드립니다. |
| ⓬ | 최저 가격 최고 만족을 드립니다. | ⓬ | 쓰레기 처리 문제 해결을 요청 드려도 될까요? |

❶~❿번: 훈련 데이터, ⓫~⓬번: 테스트 데이터

### 여기서, 잠깐!

 실습 데이터 다운로드(씨마스에듀 자료실)

'씨마스에듀' 사이트의 자료실에서 광고 메일 제목과 민원 메일 제목 텍스트 파일을 다운로드할 수 있습니다.

## ② 모델 학습을 해요

문제와 정답으로 구분한 훈련 데이터를 입력하여 모델 학습을 합니다.

### 훈련 데이터 입력하기

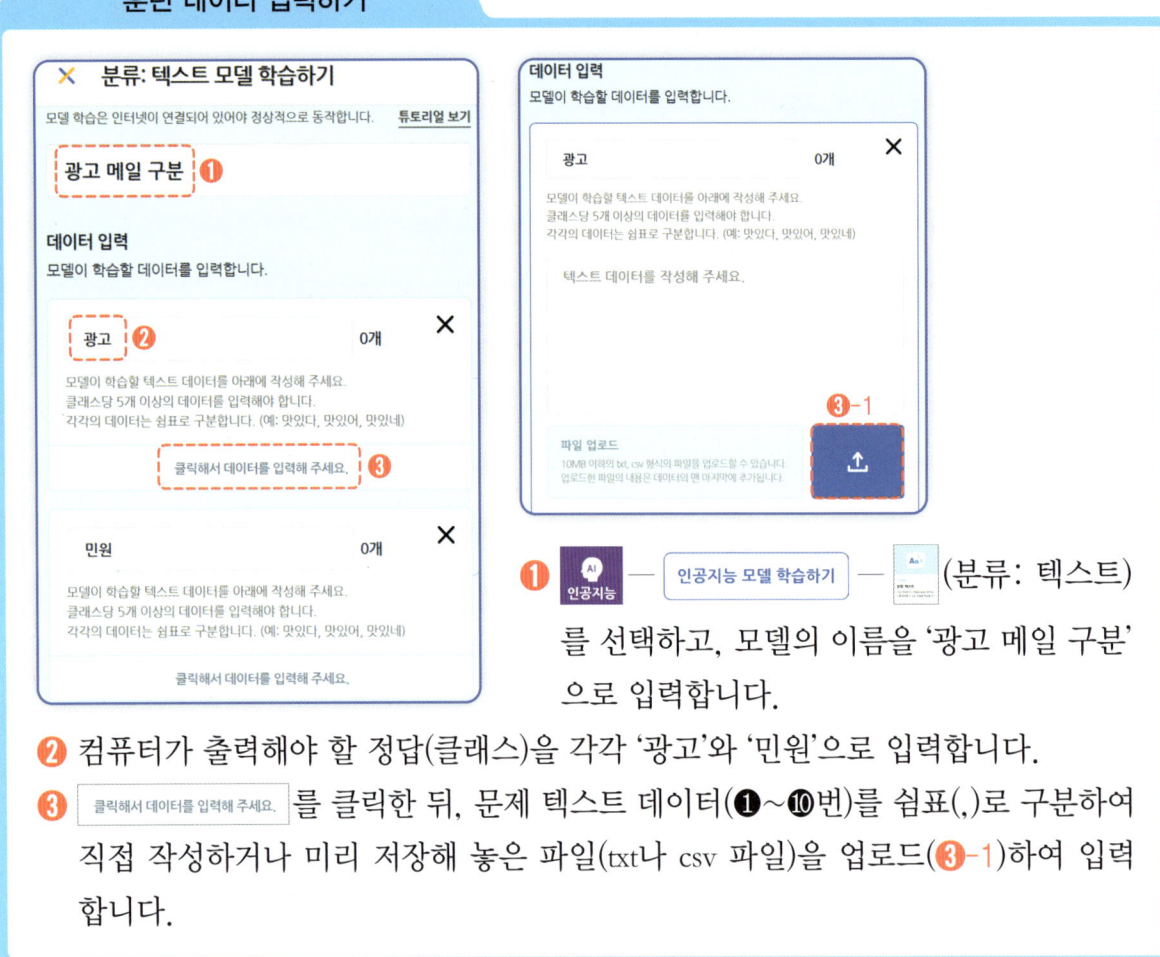

❶ 를 선택하고, 모델의 이름을 '광고 메일 구분'으로 입력합니다.

❷ 컴퓨터가 출력해야 할 정답(클래스)을 각각 '광고'와 '민원'으로 입력합니다.

❸ 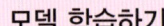 를 클릭한 뒤, 문제 텍스트 데이터(❶~❿번)를 쉼표(,)로 구분하여 직접 작성하거나 미리 저장해 놓은 파일(txt나 csv 파일)을 업로드(❸-1)하여 입력합니다.

### 모델 학습하기

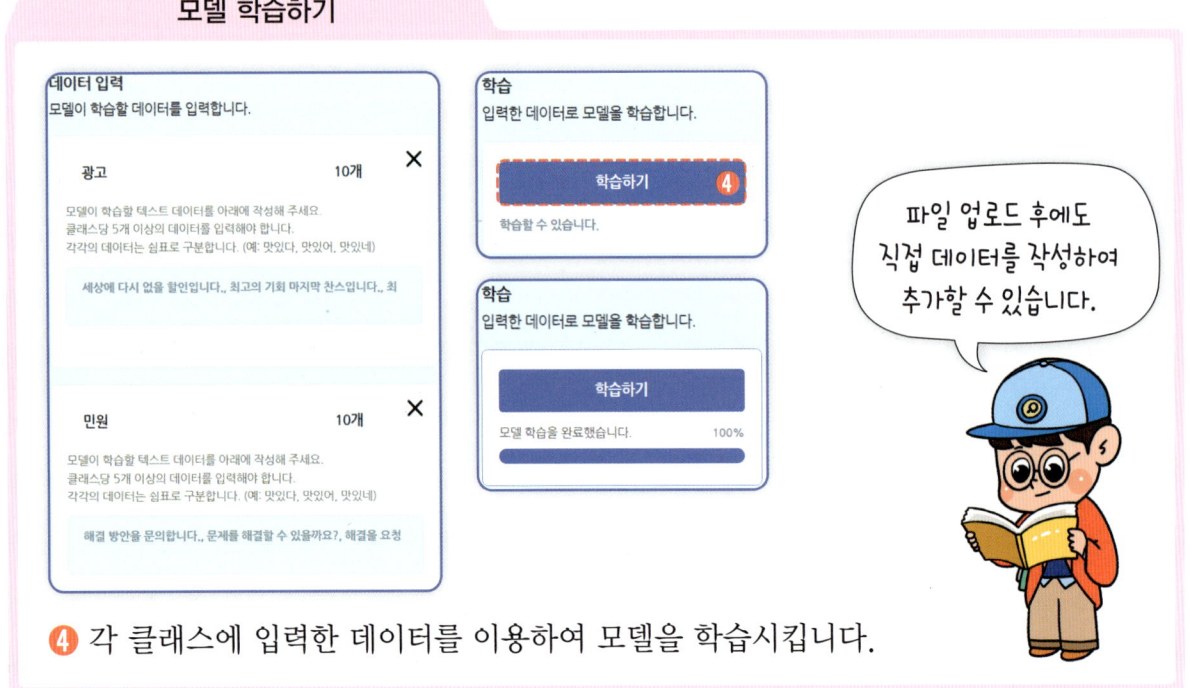

파일 업로드 후에도 직접 데이터를 작성하여 추가할 수 있습니다.

❹ 각 클래스에 입력한 데이터를 이용하여 모델을 학습시킵니다.

## ③ 모델의 성능을 평가해요

학습을 완료한 모델이 입력한 데이터를 정확하게 분류하는지 결과를 확인합니다.

**테스트 데이터 입력하기**

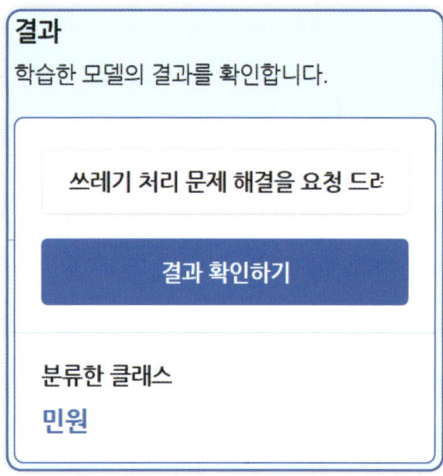

❶ ②에서 학습하지 않은 테스트 데이터(⓫~⓬번)를 각각 준비합니다.
❷ [결과]창에 테스트 데이터를 1개씩 작성하여 입력합니다.

**분류 결과 확인하기**

> 분류 결과에 ○표 또는 ✕표를 합니다.

| | 테스트 데이터 (모델 학습에서 사용하지 않은 데이터) | | | |
|---|---|---|---|---|
| 문제 | 우주에서 마지막 기회 가장 싸게 드립니다. | 최저 가격 최고 만족을 드립니다. | 해결하고 싶은 문제가 있어 도움을 부탁드립니다. | 쓰레기 처리 문제 해결을 요청 드려도 될까요? |
| 정답 | 광고 | 광고 | 민원 | 민원 |
| 분류 결과 | | | | |

❸ 학습 모델이 새로운 데이터를 정확히 판단한다면 적용하기 를 눌러 모델을 저장하고, 그렇지 않다면 ❷의 과정으로 돌아가서 충분한 데이터로 학습을 반복합니다.

> 활용하기에 적절한 결과를 출력하는 인공지능 모델이 될 때까지 전 단계로 돌아가 학습과 평가를 반복할 수 있습니다.

# 4 너를 위해 만들었어!

인공지능 모델을 활용하여 문제 해결을 위한 나만의 프로젝트를 만들어 봅시다.

## 1 해결 방법 생각하기

프로그램을 만들기 전에 해결 과정을 순서대로 나열합니다.

| 오브젝트를 클릭하면 메일 제목 인식하기 | → | 인식한 텍스트를 분류하여 광고와 민원 분류 결과 알리기 |

## 2 화면 구성하기

오브젝트를 추가하여 화면을 구성합니다.

## 3 코드 작성하기

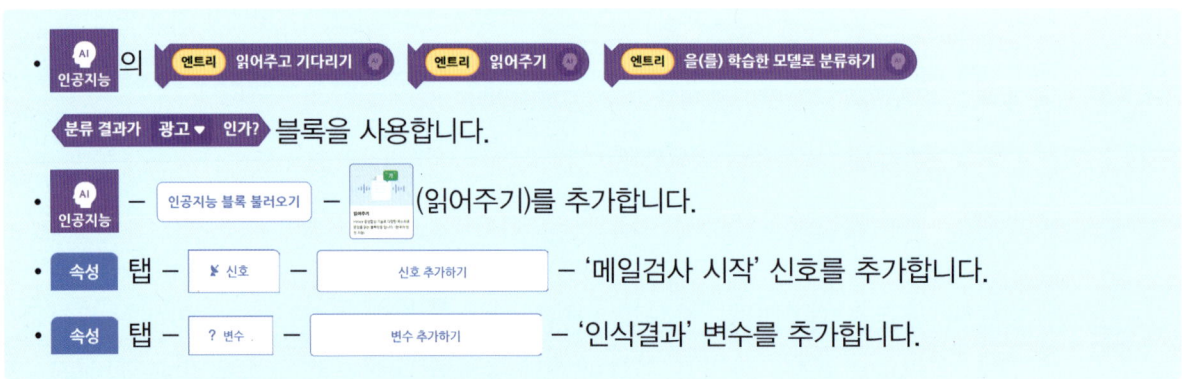

① 프로그램을 실행한 뒤, 돋보기를 클릭하면 '메일검사 시작' 신호를 보냅니다.

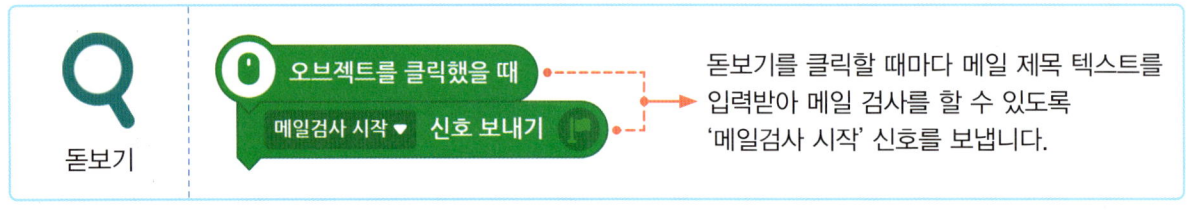

128 안녕! 엔트리 반가워! 인공지능

② '메일검사' 시작 신호를 보내고 받았을 때 메일 제목 텍스트를 입력받아 분류 결과를 출력합니다.

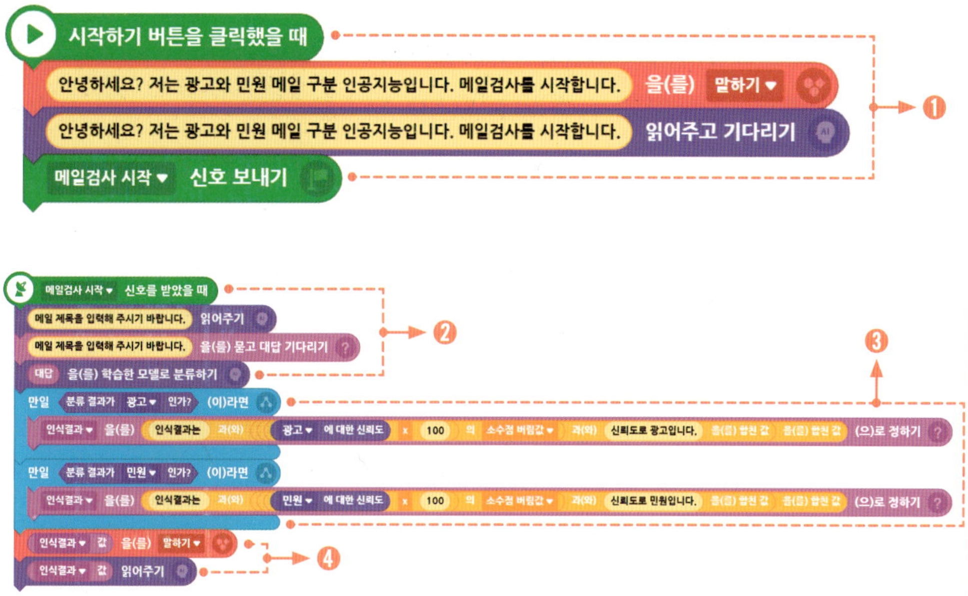

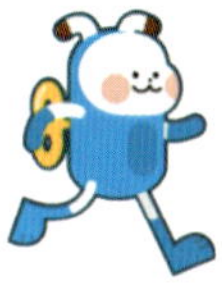

❶ 시작하기 버튼을 클릭하면 메일 검사를 시작한다는 안내를 하고, 검사 시작을 위한 신호를 보냅니다.
❷ '메일검사 시작' 신호를 받으면 안내 읽어주기를 통해 묻고 대답하기가 실행되도록 하고, 대답을 학습 모델로 인식합니다.
❸ 만일 광고라면 광고의 신뢰도와 함께 광고임을, 만일 민원이라면 민원의 신뢰도와 함께 민원임을 알립니다.
  ※ 신뢰도는 0.667처럼 소수점으로 표현됩니다. 이를 퍼센트로 표현하려고 '곱하기 100'을, 소수점 이하를 버리고 나타내기 위해 소수점 버림값 블록을 사용합니다.
❹ 인식 결과를 음성과 화면에 말풍선으로 출력합니다.

## 4 실행 결과 확인하기

① 시작하기 버튼을 클릭하거나 실행한 뒤 돋보기를 클릭하면, 메일 제목을 입력하라는 안내 문구와 입력 창이 생기는지 확인합니다.

② 입력 창에 키보드로 메일 제목을 입력한 뒤 ✓을 클릭하면, '광고'와 '민원'으로 구분한 결과와 신뢰도를 화면 속 말풍선과 음성으로 출력하는지 확인합니다.

10. 광고 메일을 걸러내! 129

# 5 정리해 볼까?

오늘 배운 내용을 되짚어 보면서 정리해 봅시다.

◆ **텍스트 전처리(원-핫 인코딩)**

메일을 '광고', '민원', '개인', '단체' 메일 네 가지로 분류하려고 합니다.
이때는 어떻게 레이블을 숫자로 표현할 수 있을까요?
메일 제목에 '세상에 다시없을 할인입니다.'라는 문구가 있을 때는 어떤 메일로 분류하면 될까요?

'광고' 메일로 분류된 레이블을 표현해 봅시다.

| 분류 | 광고 | 민원 | 개인 | 단체 |
|---|---|---|---|---|
| 광고 | 1 | 0 | 0 | 0 |

표현하고 싶은 '광고' 메일은 1로, 나머지는 0으로 표현합니다.
이것을 **원-핫 인코딩**이라고 합니다.

나머지 '민원', '개인', '단체' 메일 레이블은 아래와 같이 표현합니다.

| 분류 | 광고 | 민원 | 개인 | 단체 |
|---|---|---|---|---|
| 민원 | 0 | 1 | 0 | 0 |
| 개인 | 0 | 0 | 1 | 0 |
| 단체 | 0 | 0 | 0 | 1 |

> 원-핫 인코딩의 원래 의미는 하나만 1로 표현한다는 것입니다.

## 데이터 편향

인공지능 윤리

아마존이라는 기업은 회사원을 뽑는 데 인공지능을 사용하였습니다. 그런데 이 인공지능은 이상하게도 남자 회사원은 뽑으면서 여자 회사원은 뽑지 않았습니다. 인공지능이 학습한 데이터가 남성 중심이어서 무조건 남성이 여성보다 회사에 적합하다는 잘못된 판단을 내린 것입니다. 아마존은 이를 깨닫고 인공지능 채용 프로그램을 폐기하였습니다. 이처럼 데이터가 한쪽으로 치우친 것을 '데이터 편향'이라고 합니다.

인공지능이 데이터 편향으로 바르게 판단하지 못하는 사례들을 찾아 적어 봅시다.

---

> 예
> - 인공지능이 흑인을 고릴라라고 잘못 판단하는 경우가 있었습니다.
> - 인공지능 안면 인식 기능이 백인은 잘 인식하였지만 흑인 여자는 인식하지 못하였습니다.
> - 마이크로소프트에서 만든 인공지능 테이는 일부 사람의 잘못된 데이터를 학습함으로써 종교적 또는 역사적으로 바르지 못한 말들을 하여 16시간 만에 폐기되었습니다.
> - 인공지능이 언어를 번역하는 과정에서 성차별이 있을 수 있습니다.

지도 학습 T 텍스트 　인공지능 학습 요소 ▶ **텍스트 전처리(워드 임베딩)**

# 쑥쑥 자라렴!

**학습 목표** 　텍스트 지도 학습을 이용하여 나무를 잘 자라게 해 주는 프로그램을 만들 수 있습니다.

 **활동 전 넓게 생각해 보기**

사람의 말을 이해하고 그 말 속에 담긴 감정을 읽어 공감하는 인공지능과 함께 살아간다면 어떤 일이 생길까요?

# 너의 이야기를 들려줄래?

잘 자라지 않는 나무가 쑥쑥 자라는 나무에게 그 비결을 물어보았어요.

쑥쑥 자라는 나무는 사랑을 받아 큰다고 대답했어요.
탐정님, 잘 자라지 않는 나무를 쑥쑥 자라게 하려면 나무에게 어떻게 사랑을 주어야 할까요?

**프로젝트 미리 보기** 나무에게 하고 싶은 말을 입력해서 기분을 좋게 하는 말과 기분을 상하게 하는 말로 구분합니다.

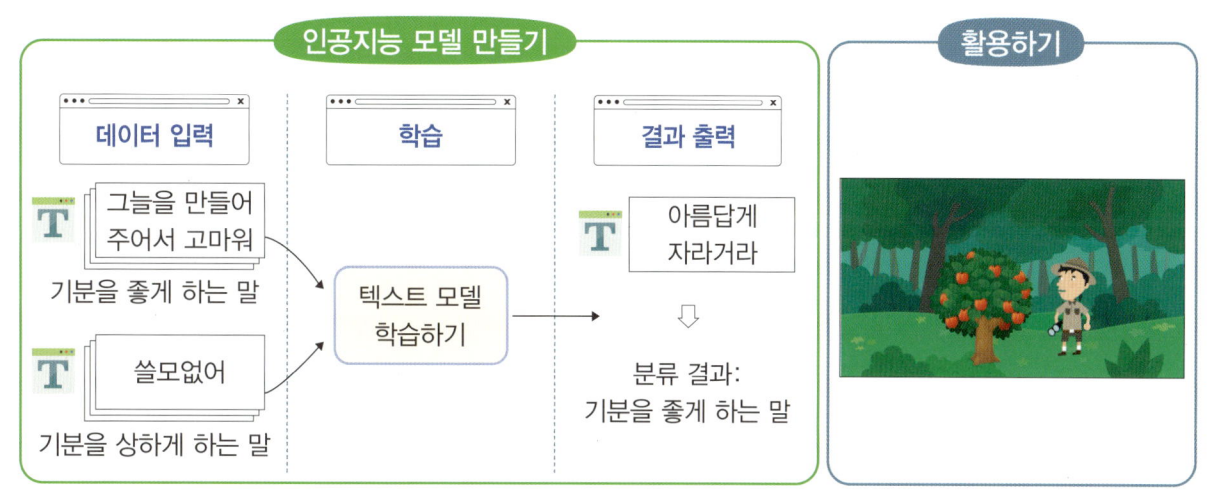

 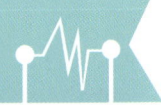

# 무엇으로 어떻게 해결할까?

인공지능을 이용한 문제 해결 방법을 알아봅시다.

### 1 무엇이 필요할까?

컴퓨터는 데이터로 배웁니다. 컴퓨터가 배워야 할 데이터의 유형이 무엇인지 찾아봅시다.

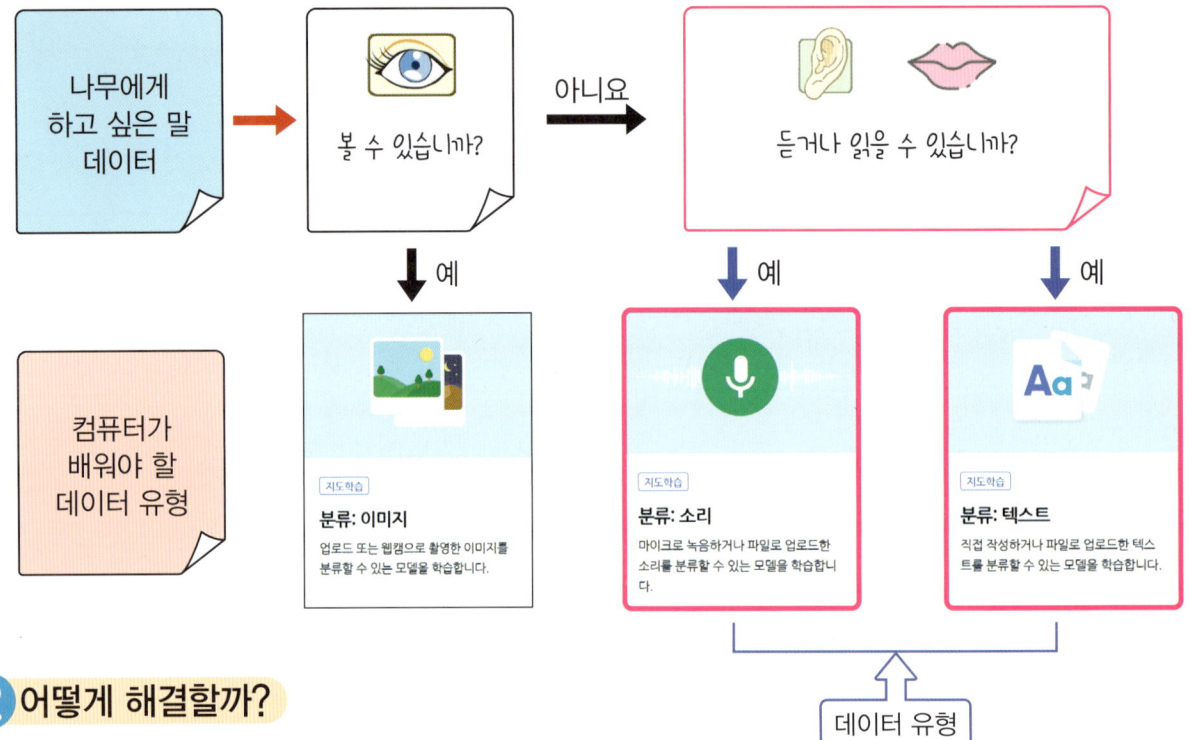

### 2 어떻게 해결할까?

사람과 인공지능이 기분을 좋게 하는 말과
기분을 상하게 하는 말을 인식하는 방법을 비교해 봅시다.

# 3 똑똑해져라, 인공지능!

컴퓨터가 데이터를 통해 스스로 규칙을 발견할 수 있도록 모델 학습을 시작해 봅시다.

## 1 데이터를 수집하고 분류해요

문제 해결에 필요한 데이터의 유형을 정한 뒤, 분류하려는 데이터를 클래스로 나눠 수집합니다.

| 유형 | 수집 방법 | 분류 |
|---|---|---|
| T<br>텍스트 | 나무에게 하고 싶은 말 데이터를 준비합니다. | • 기분을 좋게 하는 말<br>• 기분을 상하게 하는 말 |

◎ 나무의 기분을 좋게 하는 말과 기분을 상하게 하는 말 데이터를 준비합니다.

| | 기분을 좋게 하는 말 | | 기분을 상하게 하는 말 |
|---|---|---|---|
| ❶ | 그늘을 만들어 주어서 고마워. | ❶ | 쓸모없어. |
| ❷ | 쑥쑥 잘 자라렴. | ❷ | 나뭇가지를 꺾자. |
| ❸ | 사랑한다. | ❸ | 모양이 좋지 않아. |
| ❹ | 울창하니 멋지구나. | ❹ | 발로 차. |
| ❺ | 네가 좋아. | ❺ | 물을 주지 말자. |
| ❻ | 과일이 참 맛있구나. | ❻ | 괴롭히자. |
| ❼ | 사과가 탐스럽다. | ❼ | 불태우자. |
| ❽ | 힘을 내자. | ❽ | 못 생겼어. |
| ❾ | 꽃이 참 예쁘다. | ❾ | 사과가 맛이 없어. |
| ❿ | 네가 있어서 시원해. | ❿ | 벌레나 끌어들이지 마. |
| ⓫ | 오늘도 푸르러서 보기 좋아. | ⓫ | 보면 짜증나. |
| ⓬ | 아름답게 자라거라. | ⓬ | 보기에 흉하다. |

❶~⓫번: 훈련 데이터, ⓬번: 테스트 데이터

## ❷ 모델 학습을 해요

문제와 정답으로 구분한 훈련 데이터를 입력하여 모델 학습을 합니다.

### 훈련 데이터 입력하기

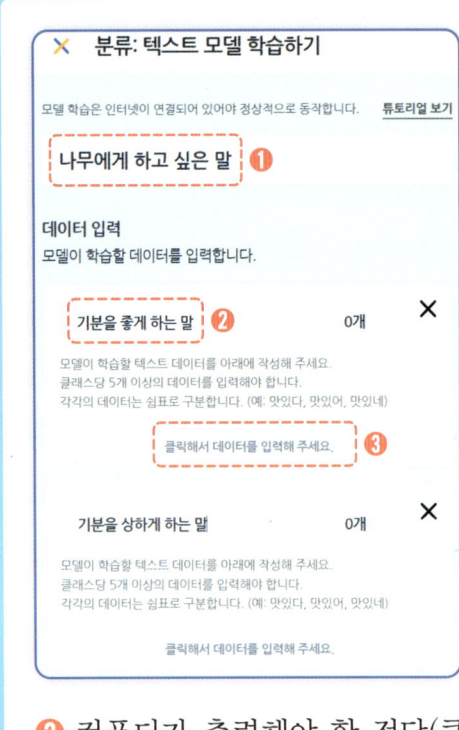

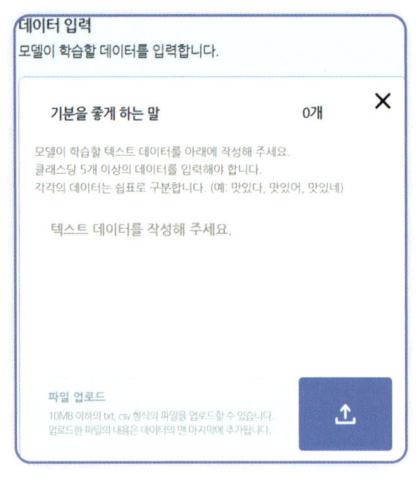

❶ 인공지능 모델 학습하기 (분류: 텍스트)를 선택하고, 모델의 이름을 '나무에게 하고 싶은 말'로 입력합니다.

❷ 컴퓨터가 출력해야 할 정답(클래스)을 각각 '기분을 좋게 하는 말'과 '기분을 상하게 하는 말'로 입력합니다.

❸ 클릭해서 데이터를 입력해 주세요. 를 클릭한 뒤, 문제 텍스트 데이터(❶~⓫번)를 작성하여 입력합니다.

### 모델 학습하기

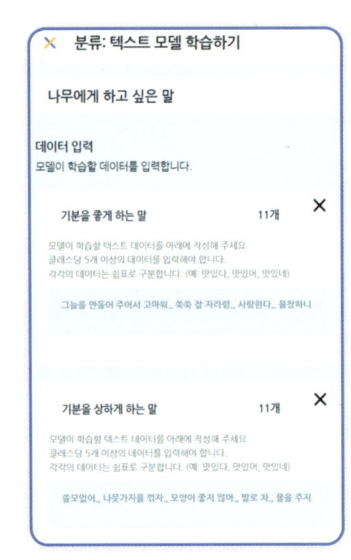

훈련 데이터가 작성된 텍스트 파일을 업로드하는 방법으로도 학습시켜 보세요.

❹ 각 클래스에 입력한 데이터를 이용하여 모델을 학습시킵니다.

### 3 모델의 성능을 평가해요

학습을 완료한 모델이 입력한 데이터를 정확하게 분류하는지 결과를 확인합니다.

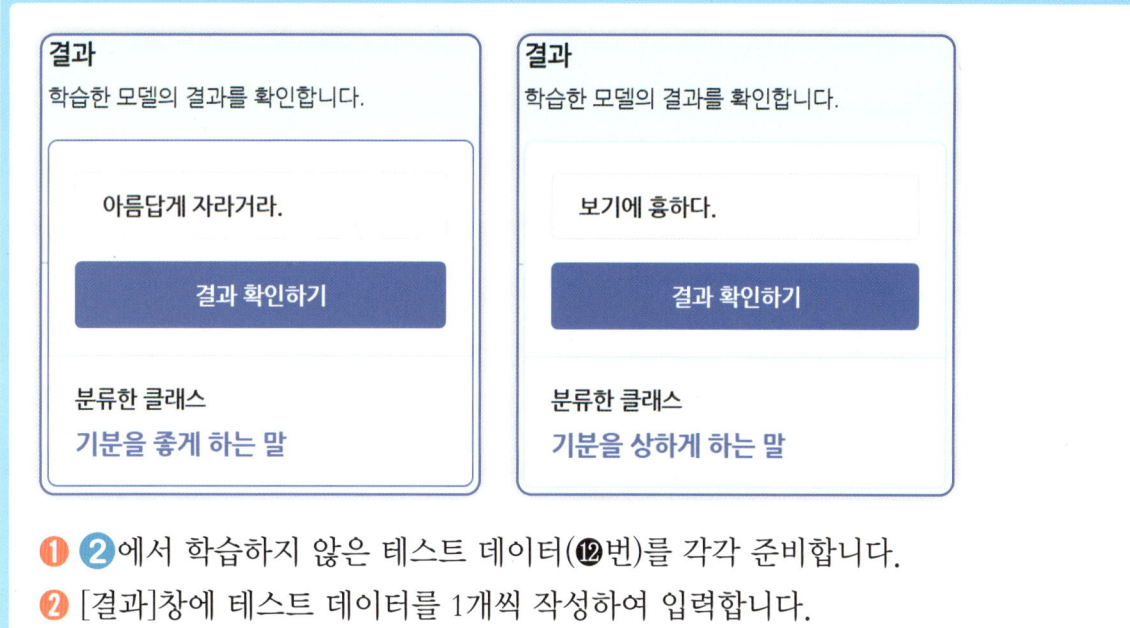

❶ ❷에서 학습하지 않은 테스트 데이터(⓬번)를 각각 준비합니다.
❷ [결과]창에 테스트 데이터를 1개씩 작성하여 입력합니다.

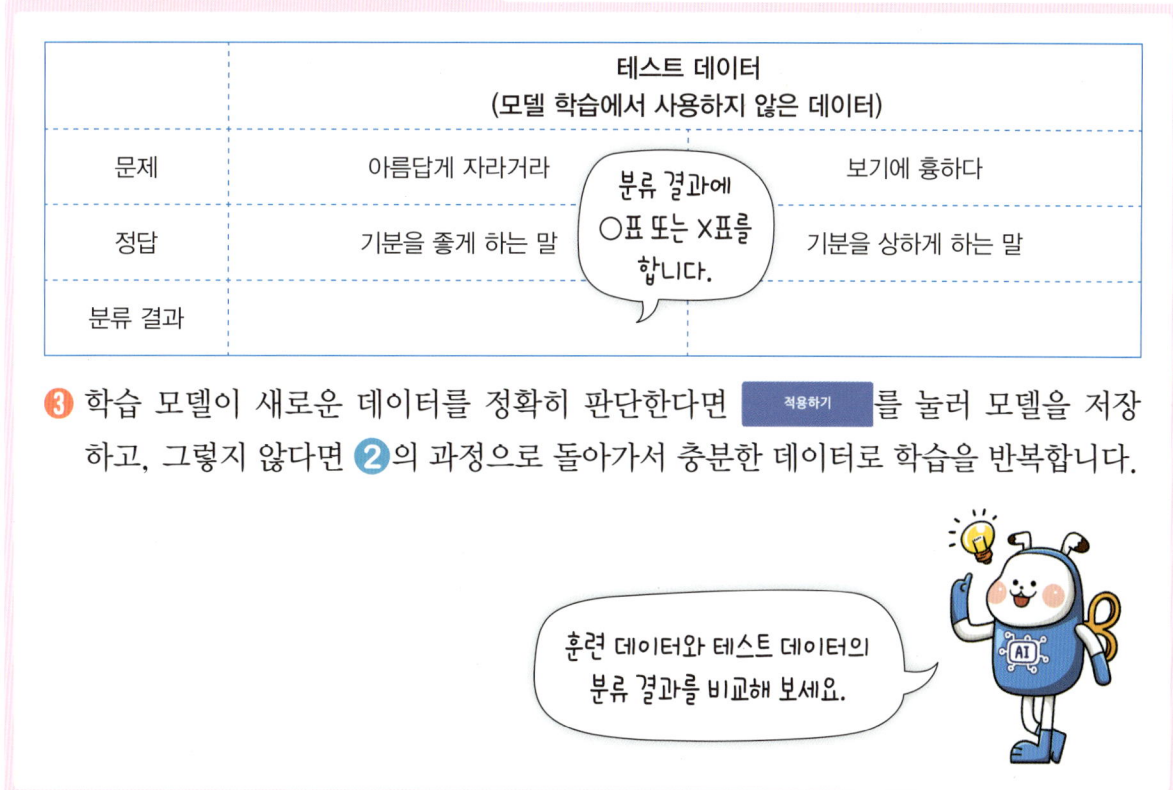

❸ 학습 모델이 새로운 데이터를 정확히 판단한다면 적용하기 를 눌러 모델을 저장하고, 그렇지 않다면 ❷의 과정으로 돌아가서 충분한 데이터로 학습을 반복합니다.

훈련 데이터와 테스트 데이터의 분류 결과를 비교해 보세요.

# 4 너를 위해 만들었어!

인공지능 모델을 활용하여 문제 해결을 위한 나만의 프로젝트를 만들어 봅시다.

## 1 해결 방법 생각하기

프로그램을 만들기 전에 해결 과정을 순서대로 나열합니다.

| 스페이스 키를 눌러 나무에게 하고 싶은 말 인식하기 |  | 인식한 텍스트를 분류하여 나무 모양 바꾸기 |

## 2 화면 구성하기

오브젝트를 추가하여 화면을 구성합니다.

'사과나무_1' 모양을 추가합니다.

## 3 코드 작성하기

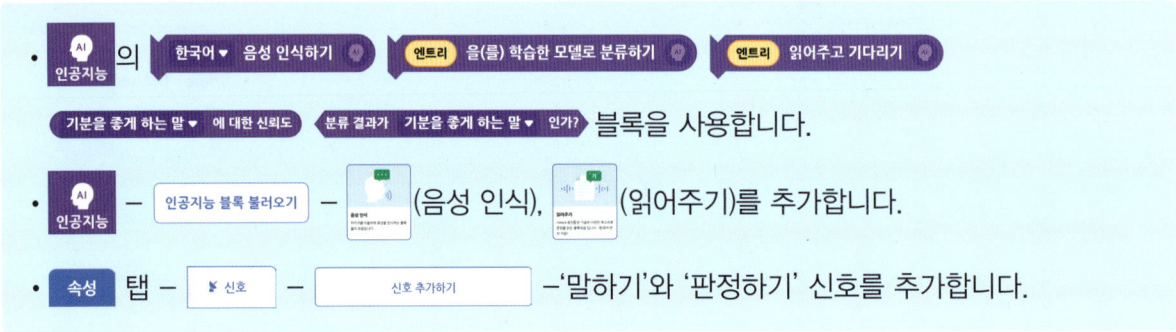

① 나무에게 하고 싶은 말을 인식하고 '판정하기' 신호를 보냅니다.

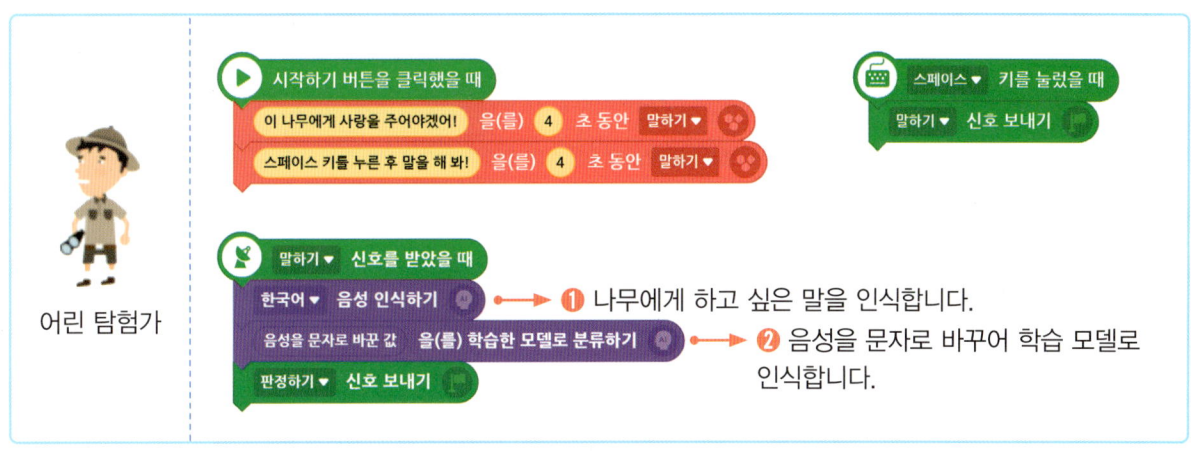

② 분류 결과에 따라 나무의 모양이나 크기를 변경하고 음성을 출력합니다.

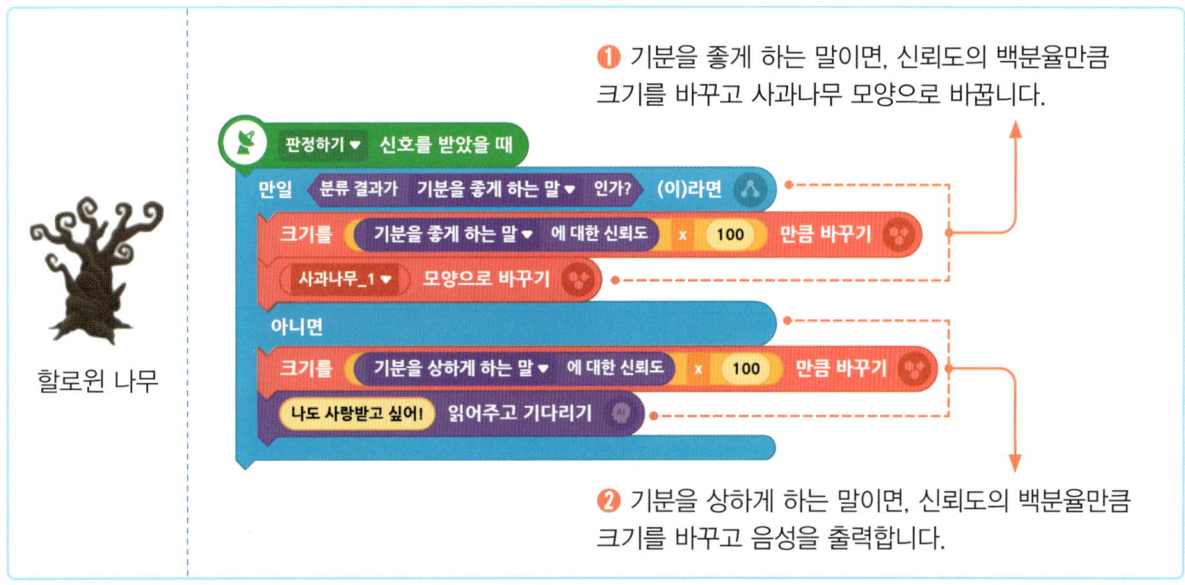

### 3 실행 결과 확인하기

① 결과가 기분을 좋게 하는 말이면, 나무가 신뢰도만큼 커지며 사과나무로 바뀌는지 확인합니다.
② 결과가 기분을 상하게 하는 말이면, 나무가 신뢰도만큼 커지며 '나도 사랑받고 싶어!' 음성이 출력되는지 확인합니다.

# 5 정리해 볼까?

오늘 배운 내용을 되짚어 보면서 정리해 봅시다.

◆ **텍스트 전처리(워드 임베딩)**

우리가 입력한 텍스트를 어떻게 인식하고 분류할 수 있었을까요?

앞 활동에서 배운 내용처럼 컴퓨터는 문자보다는 숫자를 더 잘 처리할 수 있기 때문에 우리가 입력한 텍스트인 문자를 숫자로 바꿔 주는 작업이 필요합니다. 이렇게 문자를 숫자로 바꾸는 다양한 방법 중에 가장 기본적인 방법을 알아봅시다.

나무의 기분을 좋게 하는 말 중에 '그늘을 만들어 주어서 고마워.'라는 문장을 숫자로 표현해 볼까요? 워드 임베딩하는 과정을 살펴봅시다.

❶ 문장을 단어 기준으로 나누어 표현합니다.
   예) ['그늘을', '만들어', '주어서', '고마워']

❷ 단어 기준으로 나누어 표현한 문자에 방 번호를 각각 붙여 줍니다.
   예) ['그늘을': 0, '만들어': 1, '주어서': 2, '고마워': 3]

❸ 문자를 입력하면 입력한 문자 위치에 숫자 1로, 다른 문자 위치에는 숫자 0으로 표현합니다.
   예) '고마워'라는 문자를 입력하면 '고마워'라는 위치에 숫자 1로, 다른 위치에는 숫자 0으로 표현합니다. 다시 말해 [0, 0, 0, 1]로 표현합니다.

| 방 번호 | 0 | 1 | 2 | 3 |
|---|---|---|---|---|
| 단어(문자 표현) | 그늘을 | 만들어 | 주어서 | 고마워 |
| 숫자 표현 | 0 | 0 | 0 | 1 |

| 문자 표현 | 숫자 표현 |
|---|---|
| '그늘을' | [1, 0, 0, 0] |
| '만들어' | [0, 1, 0, 0] |
| '주어서' | [0, 0, 1, 0] |
| '고마워' | [0, 0, 0, 1] |

위 방법은 표현하기에는 간단하지만, 단어의 개수가 늘어날수록 값을 기억하기 위해 저장해야 하는 공간이 계속 늘어난다는 단점이 있습니다.

## 인공지능과 감정

인공지능 윤리

우리가 말을 할 때는 같은 문장을 말하더라도 어투나 억양에 따라 듣는 사람의 기분을 좋게 하기도 하고 상하게 하기도 합니다.

이러한 인간의 말 속에서 감정을 읽고 공감하는 인공지능이 있다면 어떤 일이 생길지 생각해 봅시다.

> 예) 인공지능이 인간의 감정을 인지하고 자신의 감정을 표현한다면 인공지능의 권리를 요구하는 일이 발생할 수 있습니다. 이렇게 인간과 인공지능 사이에 서로의 권리를 요구하다 보면 인간이 주체가 되지 못할 수 있습니다. 이런 부작용을 막기 위하여 인공지능과 인간이 서로를 이해하고 함께 살아갈 수 있는 방법을 모색하면서 기술이 발전해야 합니다.

지도 학습 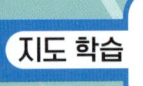 인공지능 학습 요소 ▶ 인공지능 프로젝트 사이클

# 12 어서 와, 한국은 처음이지?

**학습 목표** 한국에 관한 관심 단어를 텍스트로 입력받아 알맞은 관광지를 추천하는 프로그램을 만들 수 있습니다.

 활동 전 **넓게** 생각해 보기

인공지능이라는 도구를 사용하면 우리 생활에 어떤 영향을 미치는지 정리해 보아요.

 # 너의 이야기를 들려줄래?

**명탐정은 그동안 미션을 해결하며 배운 내용을 바탕으로 문제를 해결하려고 합니다.**

명탐정은 그동안 세계 곳곳을 방문하면서 그 나라 사람들에게 도움을 받았던 기억이 났어요. 그래서 명탐정도 우리나라를 찾은 외국인을 도울 무언가를 만들어야겠다고 생각했어요.

**프로젝트 미리 보기** 한국에 관한 관심 단어를 입력받아 알맞은 관광명소를 추천합니다.

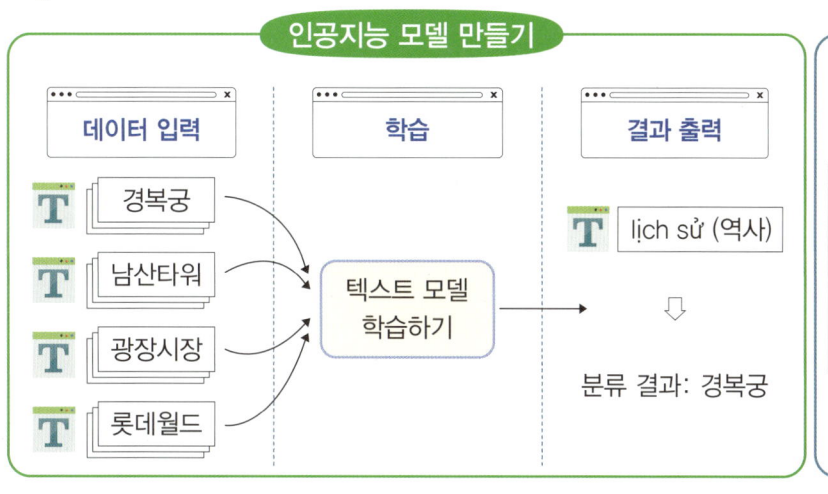

# 문제를 발견해 볼까?

수집한 데이터를 분석하여 문제를 이해하고 정의해 봅시다.

## 1 데이터를 수집해요

'서울 열린데이터 광장'(https://data.seoul.go.kr)에서 [입국 목적별 외국인 방문객 통계] 데이터를 내려받아 다음과 같이 두 개의 파일을 만듭니다.

[2025년 5월 기준]

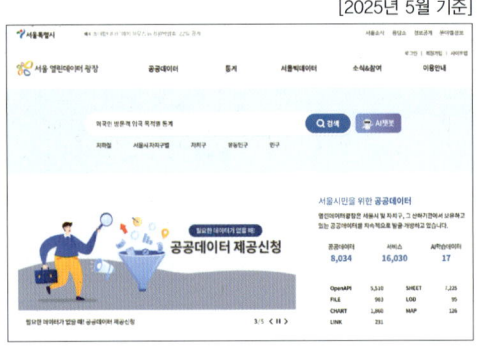

외국인이 한국을 방문하는 목적을 알기 위해 아래 두 개의 데이터로 나누어 수집해 보아요.

- 외국인 방문객의 입국 목적별 통계
- 관광 목적 외국인 관광객의 대륙별 통계

⇐ 분석할 데이터

① 수집한 데이터(.xlsx 파일)를 스프레드시트 프로그램을 이용하여 아래 표처럼 정리합니다.

(단위: 명)

| 기간(연도) | 대륙별 | 합계 | 관광 | 상용 | 공용 | 유학/연수 | 기타 |
|---|---|---|---|---|---|---|---|
| 2024 | 합계 | 16,369,629 | 13,485,838 | 135,846 | 75,747 | 435,129 | 2,237,069 |
|  | 아시아주 | 13,113,511 | 10,933,072 | 116,363 | 30,143 | 393,877 | 1,640,056 |
|  | 미주 | 1,719,511 | 1,371,168 | 4,395 | 40,434 | 10,560 | 292,954 |
|  | 구주 | 1,140,953 | 896,185 | 9,542 | 2,645 | 27,083 | 205,498 |
|  | 대양주 | 289,685 | 258,783 | 702 | 782 | 535 | 28,883 |
|  | 아프리카 | 70,758 | 26,487 | 4,837 | 1,742 | 3,067 | 34,625 |
|  | 교포 | 34,989 | – | – | – | – | 34,989 |
|  | 기타 | 222 | 143 | 7 | 1 | 7 | 64 |

[자료 출처: https://data.seoul.go.kr/dataList/10206/S/2/datasetView.do]

② 엑셀 프로그램에서 ☐ 부분과 ☐ 부분을 각각 저장합니다.

### 여기서, 잠깐!

 **실습 데이터 다운로드(씨마스에듀 자료실)**

'씨마스에듀' 사이트의 자료실에서 이 활동에 필요한 엑셀 파일을 내려받아 사용할 수 있습니다.

활동을 편리하게 하기 위해 필요한 데이터를 자료실에 업로드해 두었습니다.

144 안녕! 엔트리 반가워! 인공지능

## 2 데이터를 분석해요

수집한 데이터를 바탕으로 외국인에게 필요한 것을 알기 위해 두 개의 데이터를 분석합니다.

### ① 화면 구성하기

오브젝트를 추가하고 '장면1'의 이름을 '분석하기'로 수정합니다.

### ② 코드 작성하기

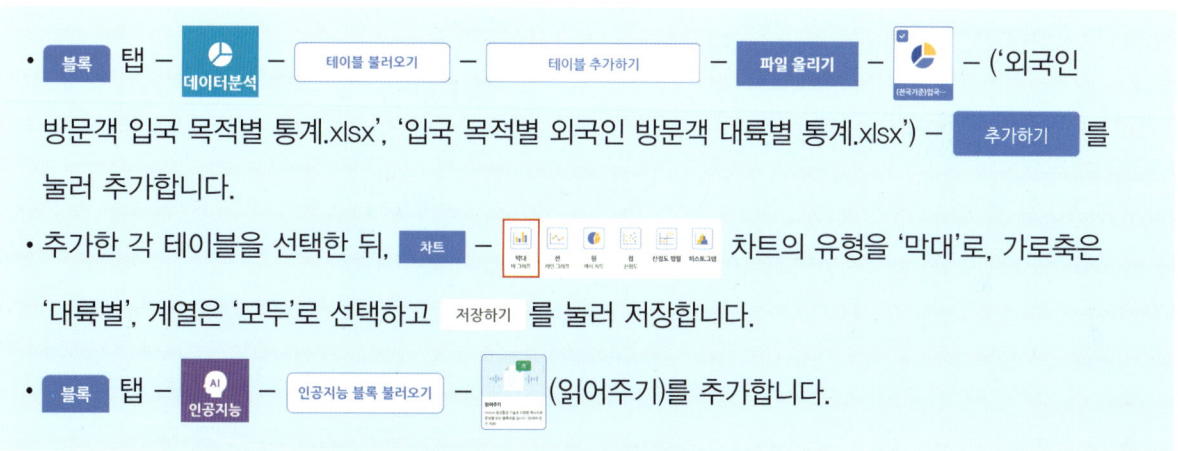

- 블록 탭 – 데이터분석 – 테이블 불러오기 – 테이블 추가하기 – 파일 올리기 – (전국기관)입국 – ('외국인 방문객 입국 목적별 통계.xlsx', '입국 목적별 외국인 방문객 대륙별 통계.xlsx') – 추가하기 를 눌러 추가합니다.
- 추가한 각 테이블을 선택한 뒤, 차트 – 막대 차트의 유형을 '막대'로, 가로축은 '대륙별', 계열은 '모두'로 선택하고 저장하기 를 눌러 저장합니다.
- 블록 탭 – 인공지능 – 인공지능 블록 불러오기 – (읽어주기)를 추가합니다.

#### 분석할 데이터

\* 외국인 방문객의 입국 목적별 통계(2024년)

외국인 방문객의 입국 목적별 통계.xlsx

| 대륙별 | 관광 | 상용 | 공용 | 유학/연수 | 기타 |
|---|---|---|---|---|---|
| 합계 | 13,485,838 | 135,846 | 75,747 | 435,129 | 2,237,069 |

※ 관광 목적이 가장 많은 것을 알 수 있습니다.

\* 관광 목적 외국인 방문객의 대륙별 통계(2024년)

관광 목적 외국인 방문객의 대륙별 통계.xlsx

| 대륙별 | 아시아주 | 미주 | 구주 | 대양주 | 아프리카 | 교포 | 기타 |
|---|---|---|---|---|---|---|---|
| 관광 | 10,933,072 | 1,371,168 | 896,185 | 258,783 | 26,487 | – | 143 |

◆ 외국인 방문객의 입국 목적별 통계와 대륙별 통계 데이터를 분석합니다.

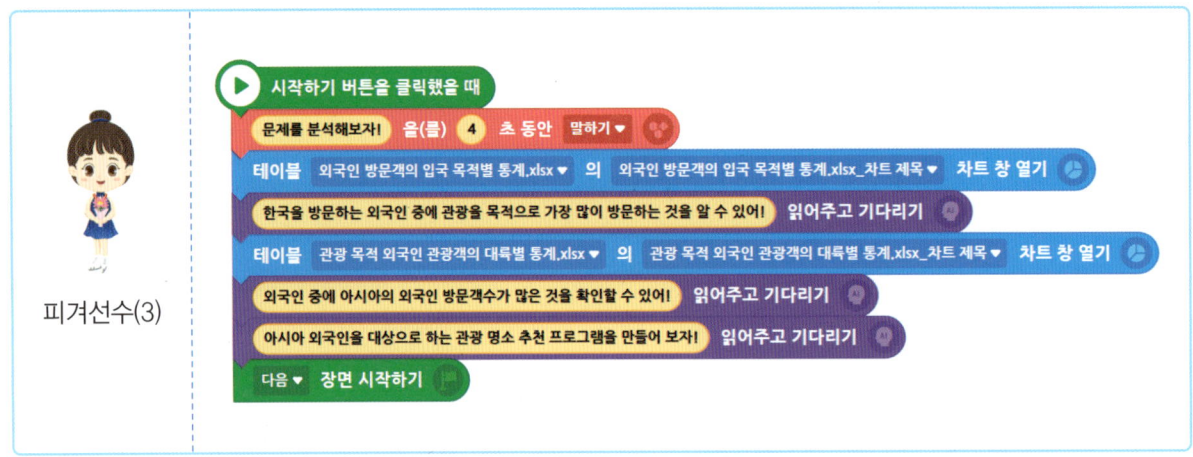

③ **실행하기**

아래와 같은 데이터 차트 창이 열리는지 확인합니다.

**데이터 분석 및 표현**

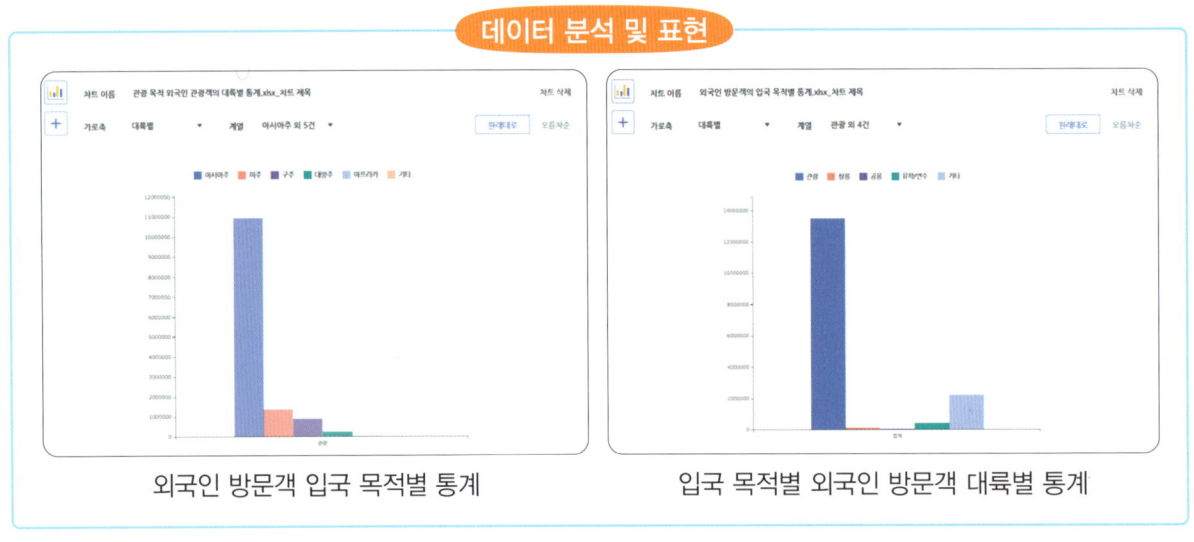

외국인 방문객 입국 목적별 통계　　　입국 목적별 외국인 방문객 대륙별 통계

**문제 발견**

☞ 한국에 오는 외국인 중에는 관광을 목적으로 오는 외국인이 많고, 관광을 목적으로 오는 외국인 중에는 아시아에 살고 있는 외국인이 가장 많다는 것을 확인할 수 있습니다.

# 무엇으로 어떻게 해결할까?

**인공지능을 이용한 문제 해결 방법을 알아봅시다.**

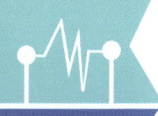

## 1 무엇이 필요할까?

컴퓨터는 데이터로 배웁니다. 엔트리에서 제공하는 데이터의 유형이 무엇인지 찾아봅시다.

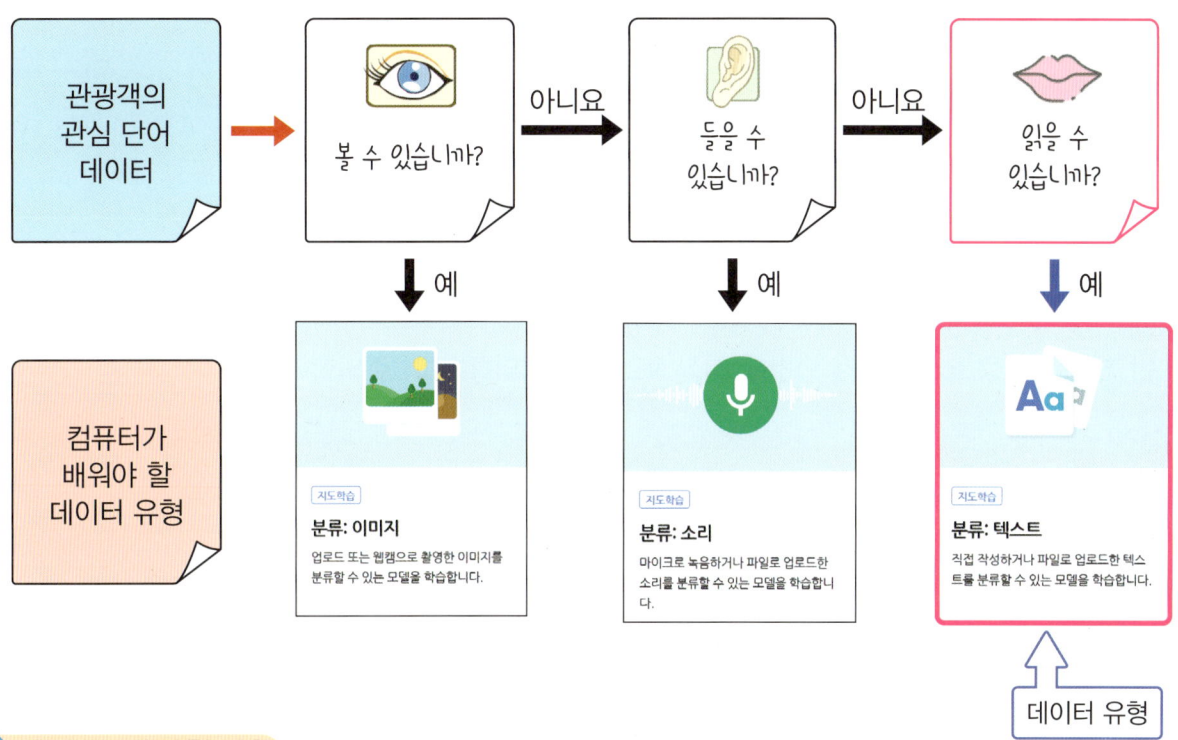

## 2 어떻게 해결할까?

사람과 인공지능이 관광객의 관심 단어에 따라 관광 명소를 추천하는 방법을 비교해 봅시다.

# 4 똑똑해져라, 인공지능!

컴퓨터가 데이터를 통해 스스로 규칙을 발견할 수 있도록 모델 학습을 시작해 봅시다.

## 1 데이터를 수집하고 분류해요

문제 해결에 필요한 데이터의 유형을 정한 뒤, 분류하려는 데이터를 클래스로 나눠 수집합니다.

| 유형 | 수집 방법 | 분류 |
|---|---|---|
| 텍스트 | 관광 명소와 관련된 검색어를 훈련 데이터로 준비합니다. | • 경복궁  • 광장시장<br>• N서울타워  • 롯데월드 |

'가고 싶은 지역+관광 명소'와 같은 검색어를 통해 데이터를 수집하고, 친구들과 데이터를 공유해 봅니다.

◆ 준비물
빈 카드 10장

◎ 빈 카드를 사용하거나 아래 빈칸에 직접 텍스트 데이터를 적어 준비합니다.

### 경복궁
1. 
2. 
3. 
4. 
5. 
6. 
7. 
8. 
9. 
10. 

### N서울타워
1. 
2. 
3. 
4. 
5. 
6. 
7. 
8. 
9. 
10. 

### 광장시장
1. 
2. 
3. 
4. 
5. 
6. 
7. 
8. 
9. 
10. 

### 롯데월드
1. 
2. 
3. 
4. 
5. 
6. 
7. 
8. 
9. 
10.

## ❷ 모델 학습을 해요

문제와 정답으로 구분한 훈련 데이터를 입력하여 모델 학습을 합니다.

### 훈련 데이터 입력하기

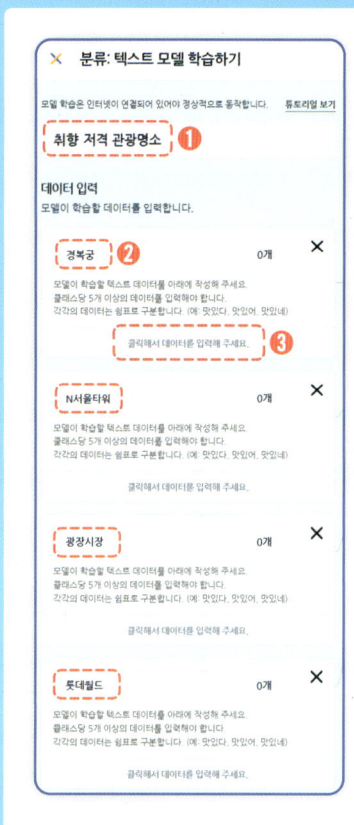
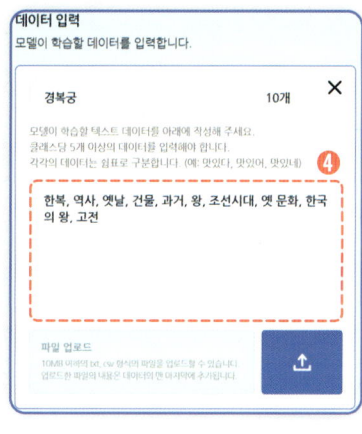
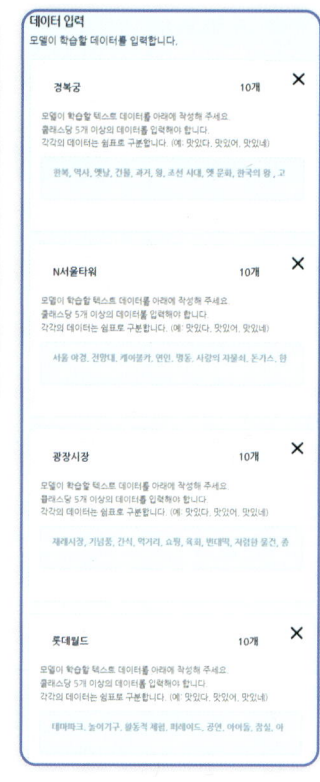

❶ 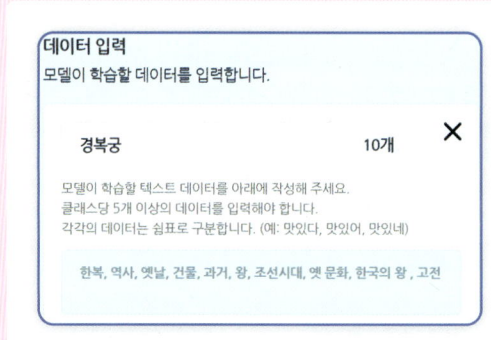 (텍스트)를 선택하고 모델의 이름을 '취향 저격 관광명소'로 입력합니다.

❷ 컴퓨터가 출력해야 할 정답(클래스)을 각각 '경복궁', 'N서울타워', '광장시장', '롯데월드'로 입력합니다.

❸ `클릭해서 데이터를 입력해 주세요.` 를 클릭합니다.

❹ 입력란에 쉼표(,)로 구분하여 데이터를 입력합니다.

### 모델 학습하기

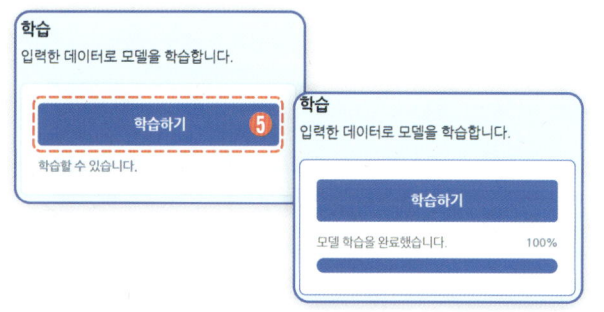

❺ 각 클래스(4개)에 입력한 데이터를 이용하여 모델을 학습시킵니다.

## 3 모델의 성능을 평가해요

학습을 완료한 모델이 입력한 데이터를 정확하게 분류하는지 결과를 확인합니다.

### 테스트 데이터 입력하기

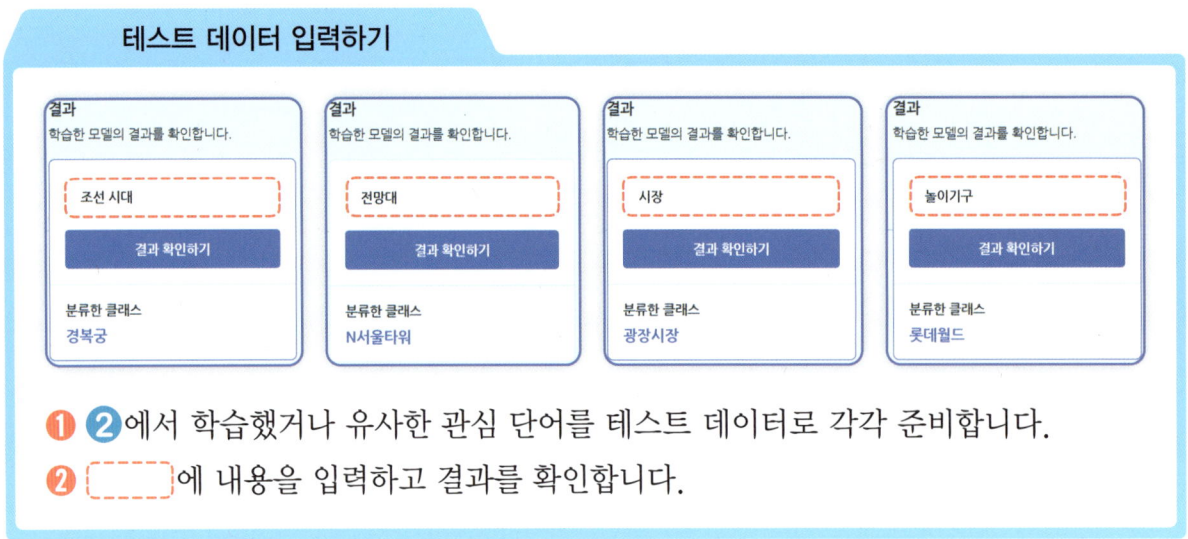

① ②에서 학습했거나 유사한 관심 단어를 테스트 데이터로 각각 준비합니다.

② [　　]에 내용을 입력하고 결과를 확인합니다.

### 분류 결과 확인하기

문제(관심 단어)를 직접 입력하여, 분류 결과에 ○표 또는 ×표를 합니다.

|  | 테스트 데이터 | | | |
|---|---|---|---|---|
| 문제 | | | | |
| 정답 | 경복궁 | N서울타워 | 광장시장 | 롯데월드 |
| 분류 결과 | | | | |

③ 학습 모델이 새로운 데이터를 정확히 분류한다면 [적용하기]를 눌러 모델을 저장하고, 그렇지 않다면 ②의 과정으로 돌아가서 충분한 데이터로 학습을 반복합니다.

### 여기서, 잠깐!

150 안녕! 엔트리 반가워! 인공지능

## 5 너를 위해 만들었어!

인공지능 모델을 활용하여 문제 해결을 위한 나만의 프로젝트를 만들어 봅시다.

### 1 해결 방법 생각하기

프로그램을 만들기 전에 해결 과정을 순서대로 나열합니다.

사용 언어 선택하기 → 관심 단어 입력하기 → 관광 명소 추천하기

### 2 화면 구성하기

오브젝트와 '장면2'를 추가하고 '장면2'의 이름을 '추천하기'로 수정합니다.

서울특별시가 아닌 다른 지역과 다른 관광 명소 오브젝트로도 코딩해 보세요.

'지도 - 서울특별시' 오브젝트의 크기는 모양 에서 확대합니다.

### 3 코드 작성하기

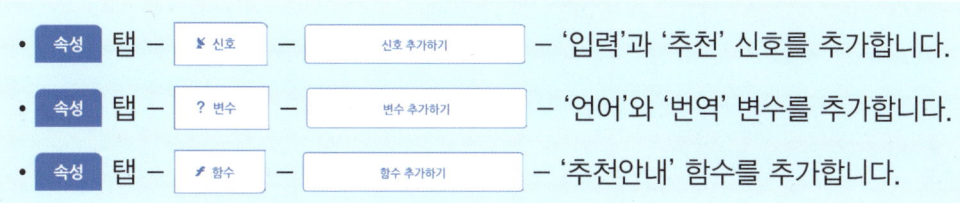

- 속성 탭 - 신호 - 신호 추가하기 - '입력'과 '추천' 신호를 추가합니다.
- 속성 탭 - ? 변수 - 변수 추가하기 - '언어'와 '번역' 변수를 추가합니다.
- 속성 탭 - 함수 - 함수 추가하기 - '추천안내' 함수를 추가합니다.

① 사용할 언어를 선택합니다.

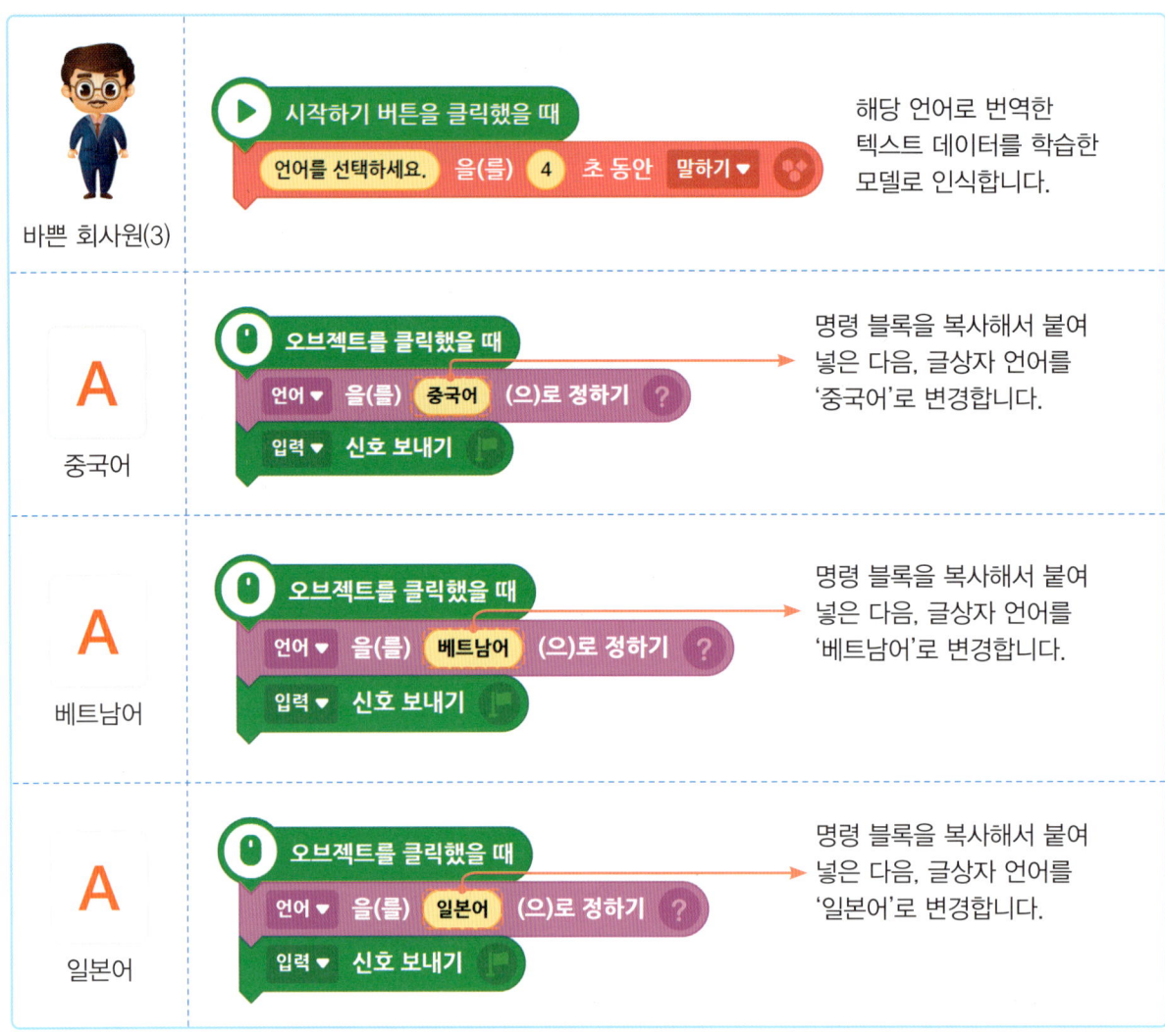

② 입력받은 텍스트 데이터는 해당 언어로 번역하여 학습한 모델로 분류합니다. 중국어간체, 베트남어, 일본어는 '구글 번역-텍스트'를 이용하여 입력합니다.(교재 154쪽 참고)

③ 함수를 사용하여 입력받은 내용에 적합한 관광명소를 추천합니다.

12. 어서 와, 한국은 처음이지?

## 4 실행 결과 확인하기

① 중국어로 한국에 관한 관심 단어를 입력하면, 관련된 관광명소를 추천합니다.
② 베트남어로 한국에 관한 관심 단어를 입력하면, 관련 관광명소를 추천합니다.
③ 일본어로 한국에 관한 관심 단어를 입력하면, 관련 관광명소를 추천합니다.

| 입력 | 출력 |
|---|---|
| 중국어<br>购物 (쇼핑) | 在广壮市场,推荐! |
| 베트남어<br>lịch sử (역사) | Cung điện Gyeongbok Giới thiệu! |
| 일본어<br>天文台 (전망대) | 南山タワーおすすめ! |

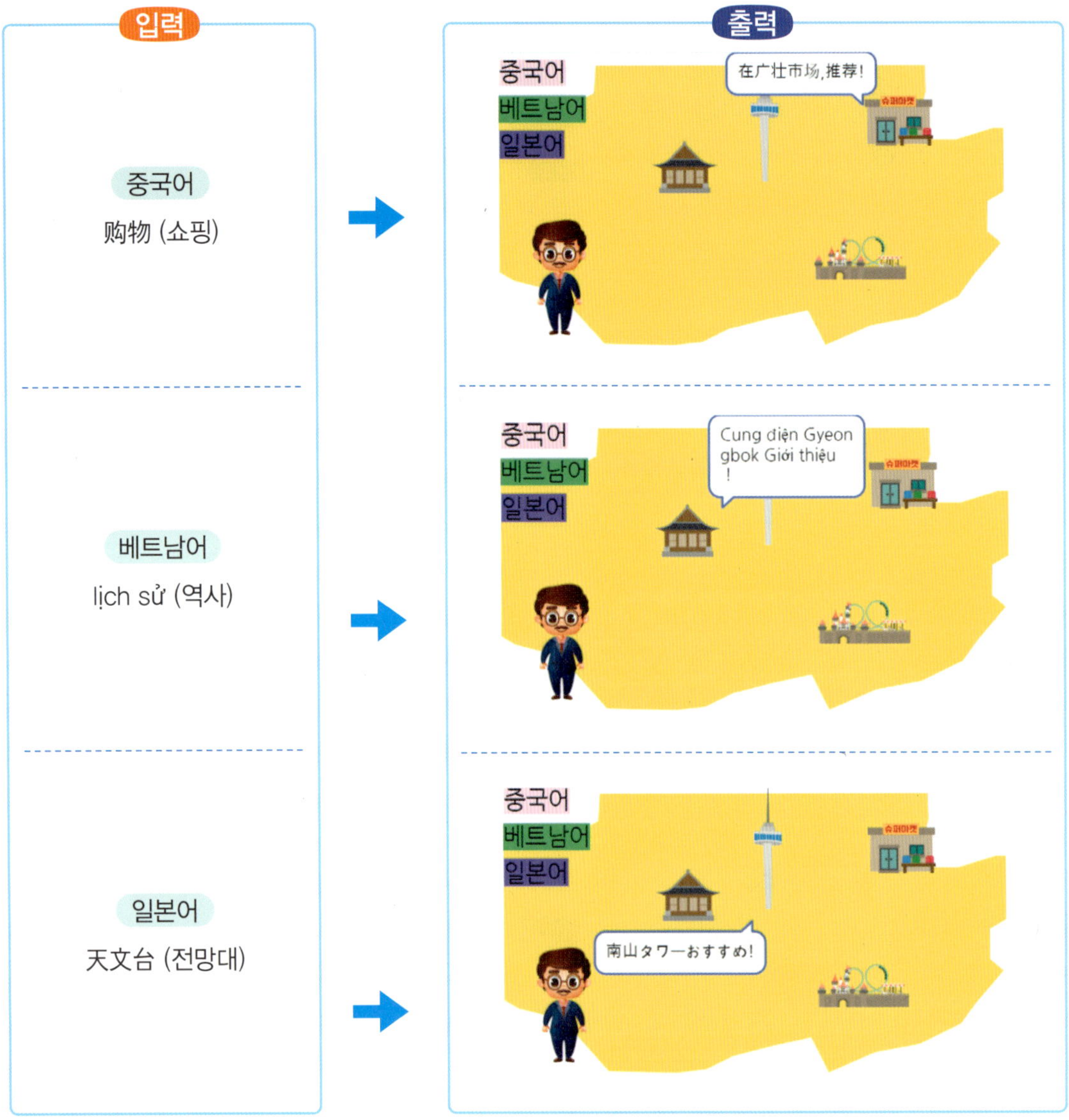

### 다른 나라 언어 넣는 방법

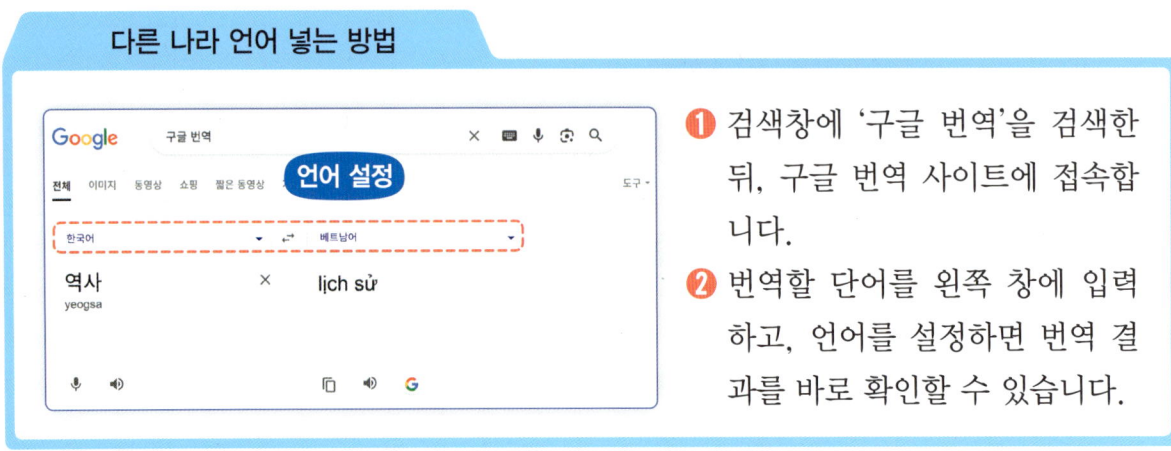

❶ 검색창에 '구글 번역'을 검색한 뒤, 구글 번역 사이트에 접속합니다.
❷ 번역할 단어를 왼쪽 창에 입력하고, 언어를 설정하면 번역 결과를 바로 확인할 수 있습니다.

# 6 정리해 볼까?

**인공지능 기술을 이용한 프로젝트의 개발 과정을 살펴봅시다.**

◆ 인공지능 프로젝트 사이클

인공지능 프로젝트 사이클(Project Cycle)은 문제를 정의하고, 문제 해결에 필요한 데이터를 수집하고 분석하여 개발한 모델을 활용하는 단계로 이루어집니다.

인공지능 프로젝트 사이클의 각 단계는 경우에 따라 생략될 수도 있고 필요에 따라 반복될 수도 있습니다.

| ① 문제 설정하기 | ② 데이터 수집하기 | ③ 데이터 분석하기 | ④ 인공지능 모델 만들기 | ⑤ 모델 평가하기 | ⑥ 활용하기 |
|---|---|---|---|---|---|
| 해결해야 할 문제가 무엇인지 결정합니다. | 문제 해결을 위해 필요한 데이터를 수집합니다. | 수집한 데이터에서 특성을 찾고 예상치 못한 값이 들어있거나 오류가 없는지 확인합니다. | 수집한 데이터로 인공지능 모델을 만듭니다. (컴퓨터를 학습시킵니다.) | 테스트 데이터로 인공지능 모델을 시험해 봅니다. | 모델을 적용하여 활용합니다. |

위 인공지능 프로젝트 사이클의 각 단계와 본 교재의 활동이 어떻게 연결되는지 확인해 보세요.

| ① 문제 설정하기 | ② 데이터 수집하기 | ③ 데이터 분석하기 | ④ 인공지능 모델 만들기 | ⑤ 모델 평가하기 | ⑥ 활용하기 |
|---|---|---|---|---|---|
| 문제를 발견해 볼까?<br><br>무엇으로 어떻게 해결할까? | 똑똑해져라, 인공지능!<br><br>❶ 데이터를 수집하고 분류해요 | 똑똑해져라, 인공지능! | 똑똑해져라, 인공지능!<br><br>❷ 모델 학습을 해요 | 똑똑해져라, 인공지능!<br><br>❸ 모델의 성능을 평가해요 | 너를 위해 만들었어! |

12. 어서 와, 한국은 처음이지? **155**

## AI 함께 생각해 봐요!

# 인공지능과 더불어 사는 삶

인공지능 윤리

세상의 문제를 새로운 시각으로 바라보고 이를 해결하기 위해 인공지능 기술로 문제를 해결한다면, 이는 어느 누군가에게는 고마운 손길일 것입니다.

인공지능이라는 도구를 활용하여 우리 주변의 불편한 문제를 해결해 보고 더불어 사는 삶의 방법을 여러분의 입장에서 생각해 봅시다.

예) 학교에 지각하지 않거나 약속에 늦지 않도록 최적의 지하철 환승과 버스 정류장에서의 도착 예정 시스템 등을 만들고 싶습니다.

# 만화로 배우는 기계 학습 용어

지금까지 우리는 훈련 데이터를 입력하여 인공지능 모델이 정확한 클래스(레이블)로 분류할 수 있도록 학습시키는 과정을 경험했습니다. 이때, 모델 학습을 위해 학습 조건을 정하는 데 사용된 용어의 의미를 만화로 정리해 봅시다.

신난다! 의뢰인들의 모든 문제를 다 해결했어.

여기까지 오느라 고생 많았어요. 마지막으로, 모델 학습에서 사용된 용어들을 정리해 볼까요?

**학습**
입력한 데이터로 모델을 학습합니다.

학습하기

모델 학습을 완료했습니다. 100%

**학습 조건** 학습 상태

| 에포크 ? | 30 |
| 배치 크기 ? | 16 |
| 학습률 ? | 0.001 |
| 검증 데이터 비율 ? | 0.25 |

❓를 클릭해서 용어의 의미를 확인해 봅시다. 학습 조건은 변경할 수 있습니다.

**학습**
입력한 데이터로 모델을 학습합니다.

학습하기

모델 학습을 완료했습니다. 100%

학습 조건 **학습 상태**

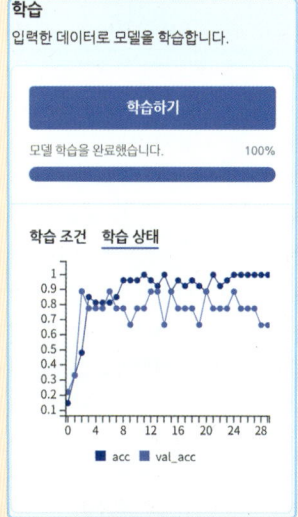

- 세로축: 정확도
- 가로축: 세대(에포크)
- 표현값:
  ■ 훈련 정확도
  ■ 검증 정확도

# 만화로 배우는 기계 학습 용어

# 데이터 # 배치 사이즈 # 학습률 # 검증 데이터 # 검증 데이터 비율
# 훈련 정확도 # 검증 정확도 # 세대(에포크) # 과대 적합 # 일반화

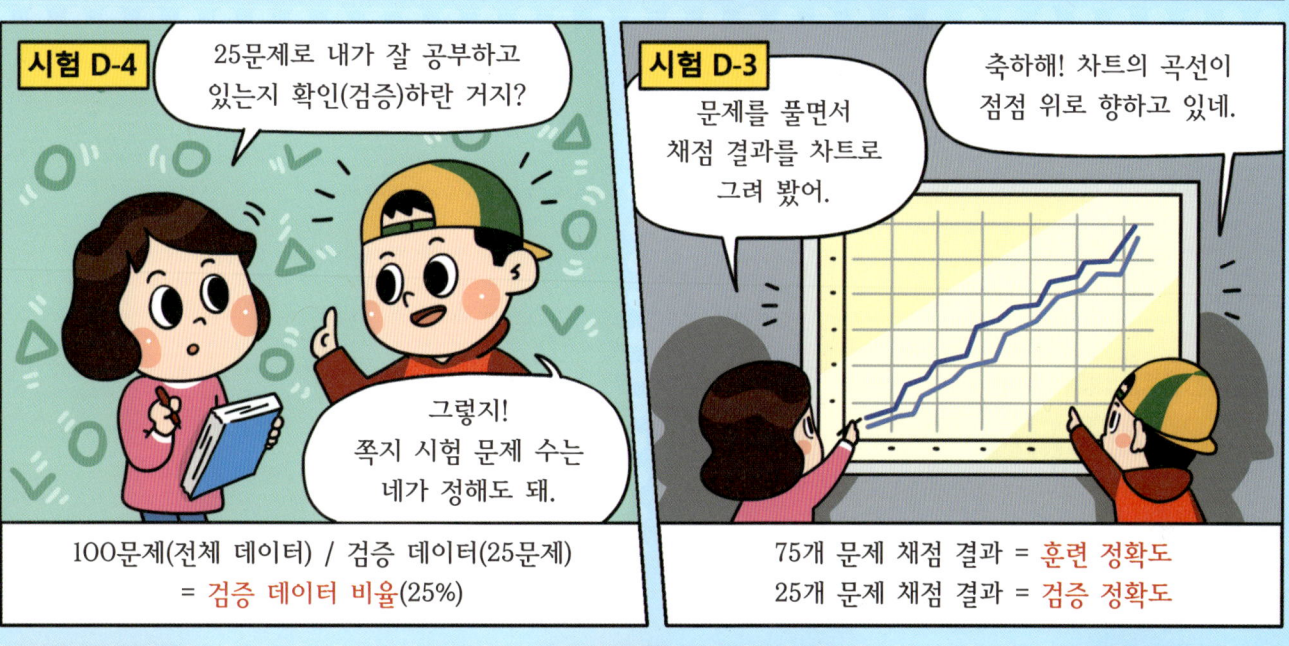

# 안녕! 엔트리
# 반가워! 인공지능 개정판

**초판발행** 2020년 12월 15일
**개 정 판** 2025년 9월 1일

**지 은 이** 장병철, 유경선, 이준기, 이은경
**펴 낸 이** 이미래
**펴 낸 곳** (주)씨마스
**주　　소** 서울특별시 강서구 강서로33가길 78 씨마스빌딩
**등록번호** 제2021-000078호
**내용문의** 02)2274-1590~2 | 팩스 02)2278-6702

**편　　집** 권소민, 조창경
**디 자 인** 표지: 곽상엽　　내지: 곽상엽
**마 케 팅** 김진주

**홈페이지** www.cmass.kr | **이메일** cmass@cmass21.co.kr
이 책에 대한 의견이나 잘못된 내용에 대한 수정 정보는 씨마스 홈페이지나 이메일로 알려 주시기 바랍니다.
잘못된 책은 구매처 또는 본사에서 교환해 드립니다.

**I S B N** 979-11-5672-606-7

이 책에 실린 모든 내용, 디자인, 편집 구성의 저작권은 지은이와 (주)씨마스에 있습니다.
저작권법에 의해 보호받는 저작물이므로 무단 복제 및 전재를 금합니다.

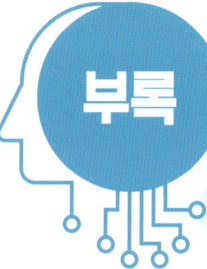

# 부록 데이터 활동지

본문 51쪽 손그림 데이터를 준비할 때 아래 활동지를 오려서 활용할 수 있습니다.

※ 앞면에만 그림을 그리세요.

〈앞면〉

아이스크림

자르는 선

자르는 선

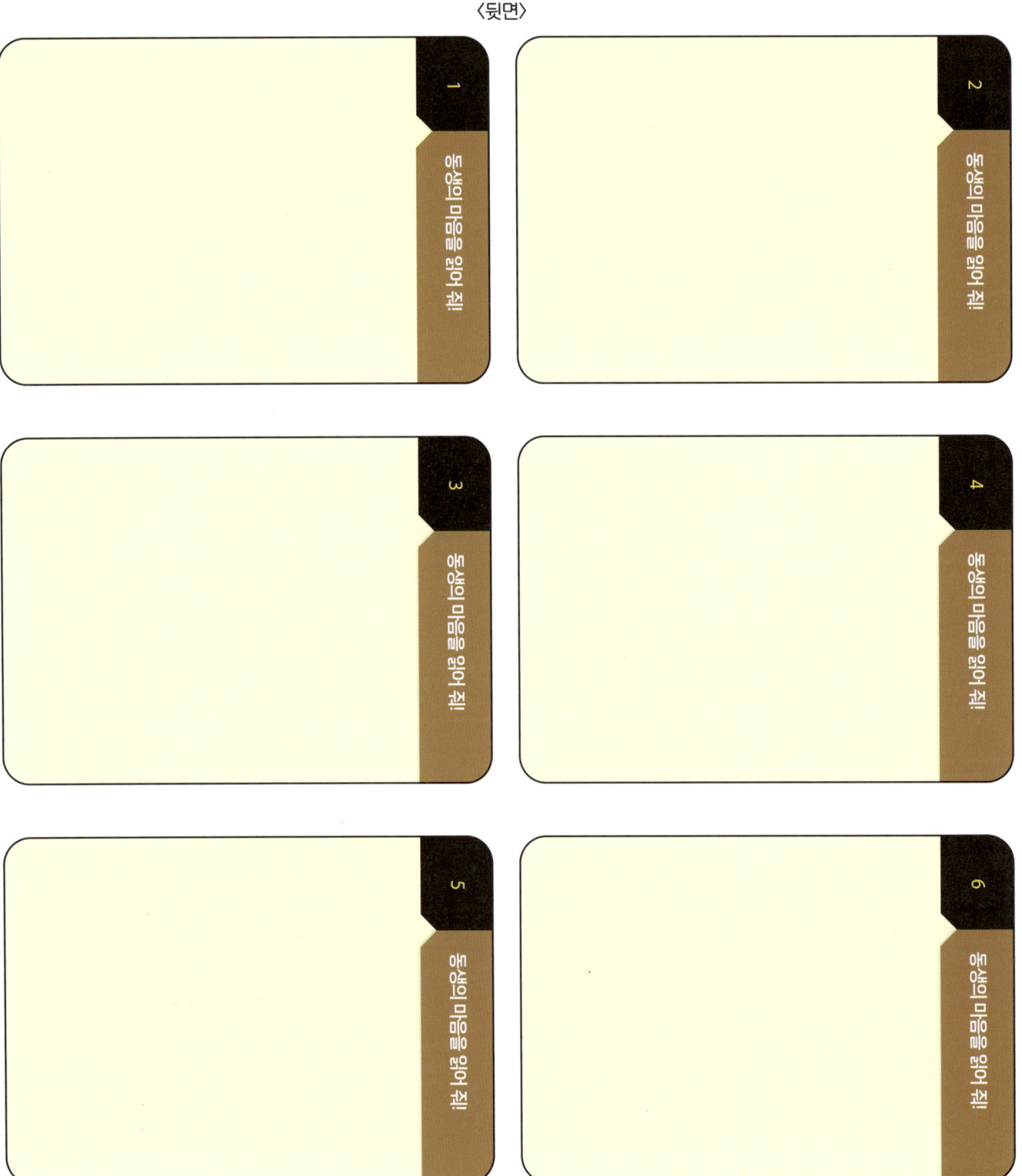

# 부록 데이터 활동지

〈앞면〉

부록 163

〈뒷면〉

| 7 동생의 마음을 읽어 줘! | 8 동생의 마음을 읽어 줘! |
| 9 동생의 마음을 읽어 줘! | 10 동생의 마음을 읽어 줘! |
| 11 동생의 마음을 읽어 줘! | 12 동생의 마음을 읽어 줘! |

## 부록 데이터 활동지

〈앞면〉  놀이 블록

✂ 자르는 선

✂ 자르는 선

부록 **165**

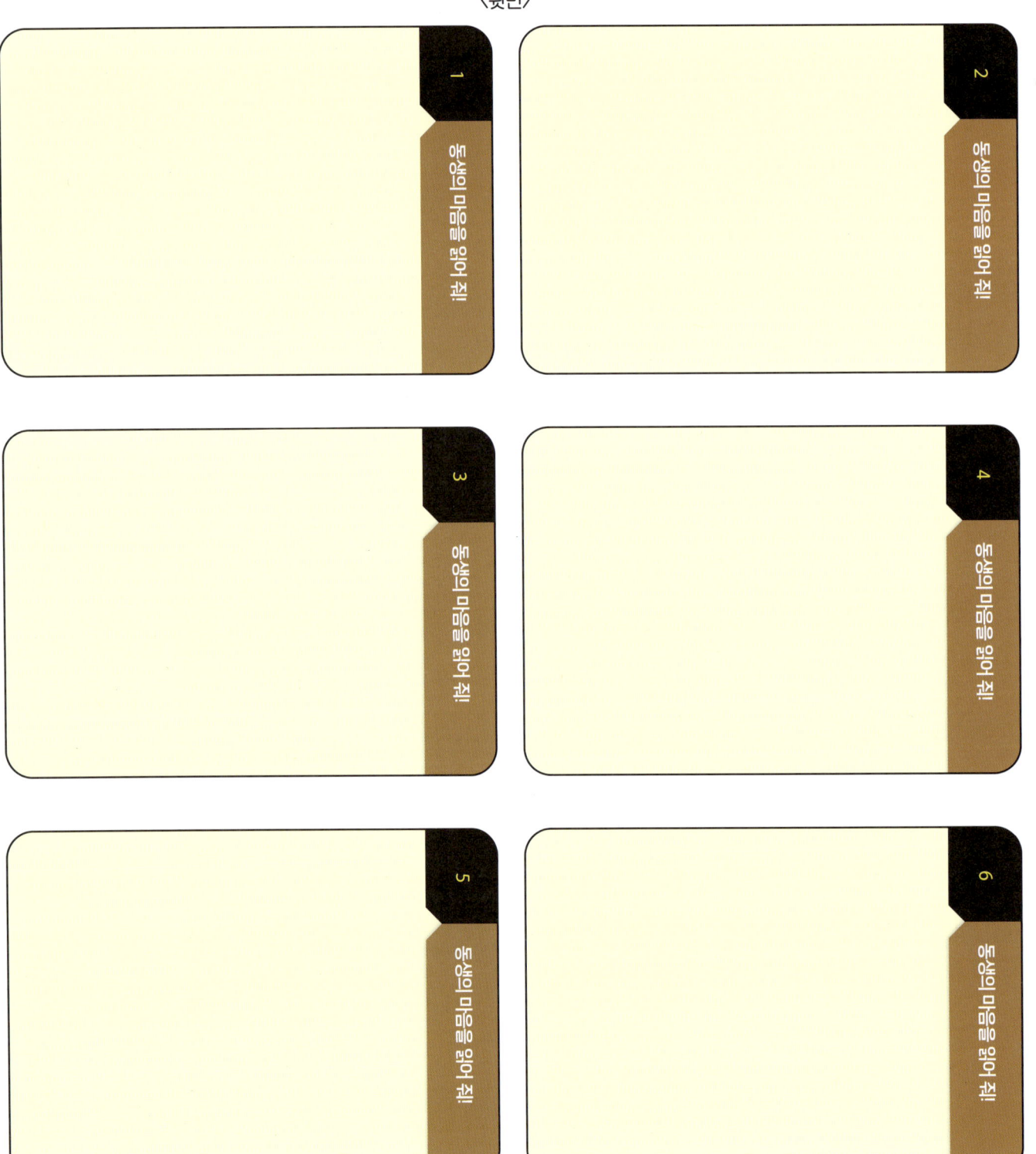

〈앞면〉

✂ 자르는 선

✂ 자르는 선

부록 167

〈뒷면〉

| 7 동생의 마음을 얻어 줘! | 8 동생의 마음을 얻어 줘! |
| 9 동생의 마음을 얻어 줘! | 10 동생의 마음을 얻어 줘! |
| 11 동생의 마음을 얻어 줘! | 12 동생의 마음을 얻어 줘! |

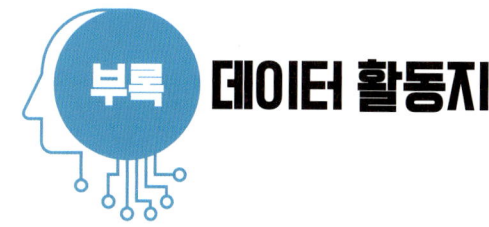

〈앞면〉  태블릿 피시

부록 169

〈앞면〉

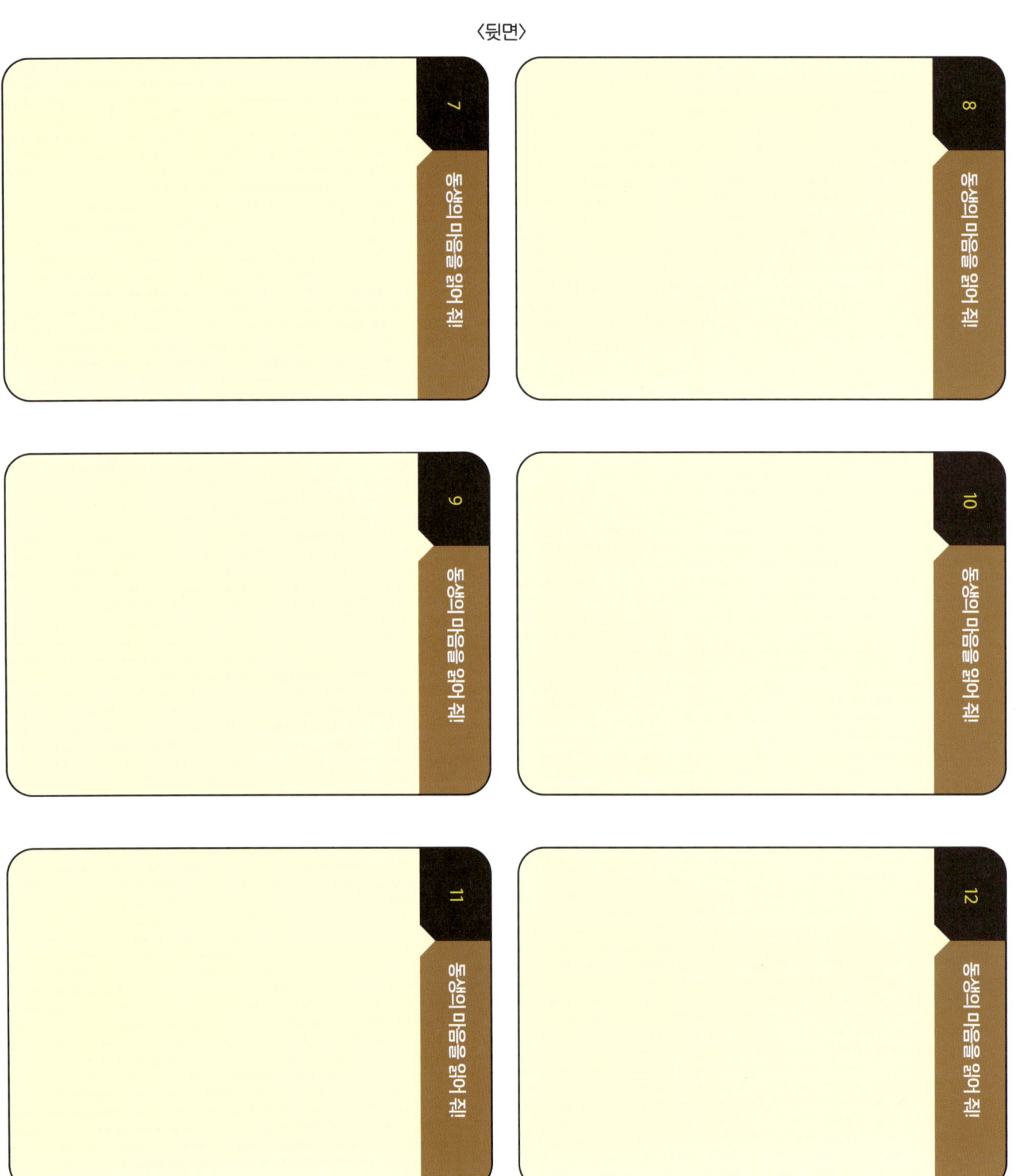

〈앞면〉  물렁이

〈뒷면〉

| 1 동생의 마음을 읽어 줘! | 2 동생의 마음을 읽어 줘! |
| 3 동생의 마음을 읽어 줘! | 4 동생의 마음을 읽어 줘! |
| 5 동생의 마음을 읽어 줘! | 6 동생의 마음을 읽어 줘! |

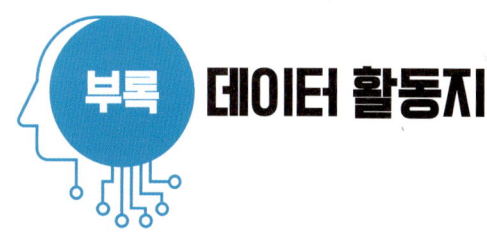

## 부록 데이터 활동지

〈앞면〉

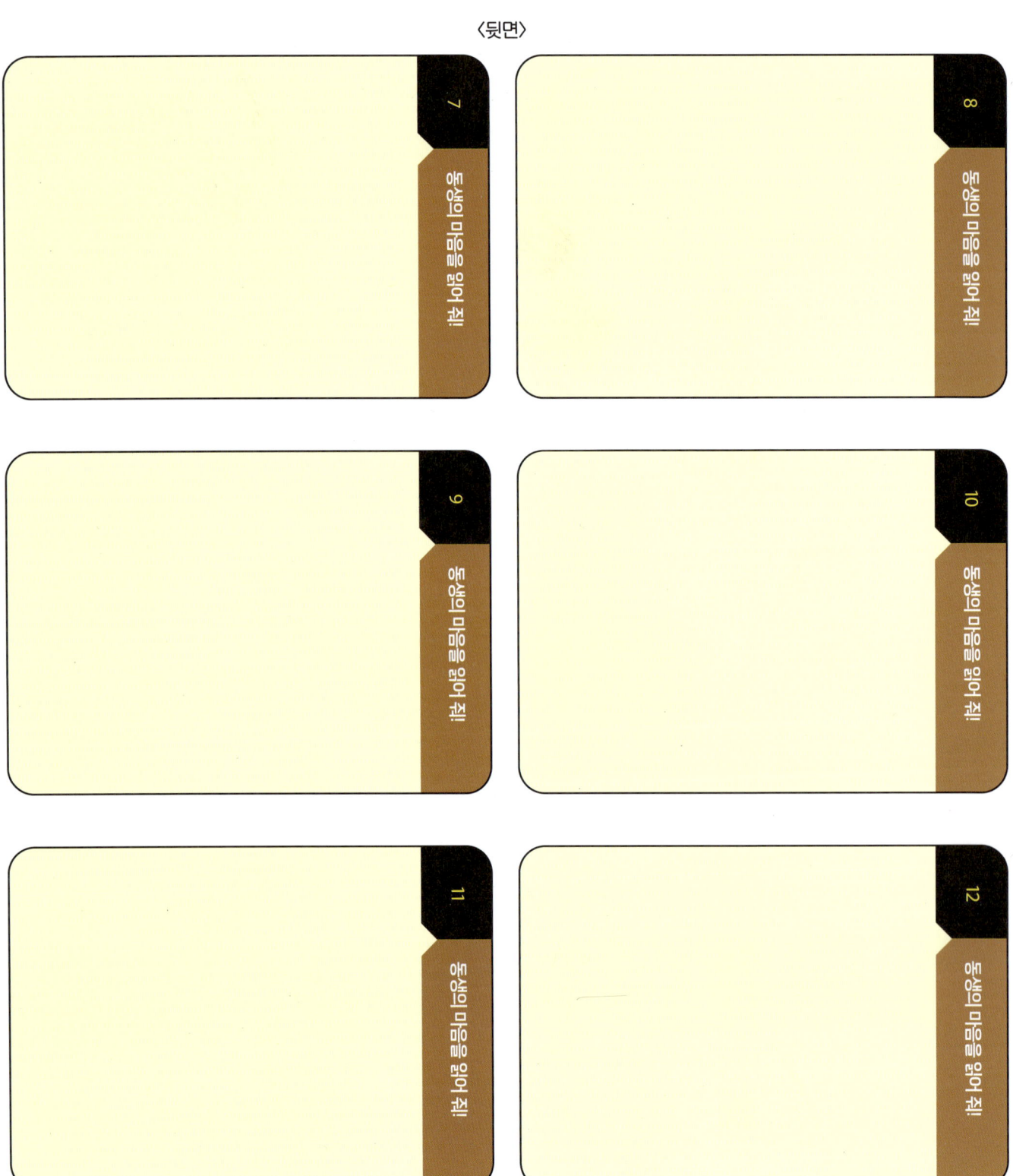